BESTSELLER

Mario Guerra es un reconocido psicoterapeuta, coach ontológico certificado, hipnoterapeuta, maestro en tanatología y comunicador. Ha sido consejero en relaciones de pareja para el portal Match.com en México, *speaker* para el evento TEDxCDLH y actualmente es colaborador del programa de radio de Martha Debayle. Su estilo franco, sencillo y revelador lo ha llevado a consolidarse como un experto en temas de pareja, con amplia aceptación entre el público de radio y televisión.

MARIO GUERRA

Los claroscuros del amor
Descubre el tono real del amor, el desamor y las relaciones de pareja

DEBOLS!LLO

Los claroscuros del amor
Descubre el tono real del amor, el desamor y las relaciones de pareja

Primera edición en Debolsillo: febrero, 2017
Primera reimpresión: mayo, 2018
Segunda reimpresión: marzo, 2019
Tercera reimpresión: noviembre, 2019

D. R. © 2014, Mario Guerra

D. R. © 2019, derechos de edición mundiales en lengua castellana:
Penguin Random House Grupo Editorial, S. A. de C. V.
Blvd. Miguel de Cervantes Saavedra núm. 301, 1er piso,
colonia Granada, alcaldía Miguel Hidalgo, C. P. 11520,
Ciudad de México

www.megustaleer.mx

Penguin Random House Grupo Editorial apoya la protección del *copyright*.
El *copyright* estimula la creatividad, defiende la diversidad en el ámbito de las ideas y el conocimiento, promueve la libre expresión y favorece una cultura viva. Gracias por comprar una edición autorizada de este libro y por respetar las leyes del Derecho de Autor y *copyright*. Al hacerlo está respaldando a los autores y permitiendo que PRHGE continúe publicando libros para todos los lectores.

Queda prohibido bajo las sanciones establecidas por las leyes escanear, reproducir total o parcialmente esta obra por cualquier medio o procedimiento así como la distribución de ejemplares mediante alquiler o préstamo público sin previa autorización.
Si necesita fotocopiar o escanear algún fragmento de esta obra diríjase a CemPro
(Centro Mexicano de Protección y Fomento de los Derechos de Autor, https://cempro.com.mx).

ISBN: 978-607-315-072-9

Impreso en México – *Printed in Mexico*

El papel utilizado para la impresión de este libro ha sido fabricado a partir de madera procedente de bosques y plantaciones gestionadas con los más altos estándares ambientales, garantizando una explotación de los recursos sostenible con el medio ambiente y beneficiosa para las personas.

Penguin
Random House
Grupo Editorial

Dedicatoria

A mi padre, que se fue en un suspiro.
A mi madre, que tiene la certeza de
que él la espera.

Agradecimientos

A Martha Debayle, por invitarme a compartir con ella temas que, a través de la radio, mueven conciencias y tocan vidas.

A Eugenia Debayle, por empujarme un poquito cada vez que me veía con un: "¿Cómo va el libro?"

A Patricia Mazón, por creer en este libro cuando no existía.

A Editorial Aguilar, por abrirme las puertas de un mundo nuevo para mí

Índice

Introducción 13

Capítulo 1. Los 4 componentes de una relación 17

El amor 17

El amor de alta velocidad 18

El amor pausado 18

Romance 19

Códigos románticos compartidos 23

Intimidad 25

Creando intimidad 26

Errores comunes en la apertura de la intimidad 27

Usar la información de la intimidad
para atacar o "defenderse" 27

Usar la información para hacerse
el "gracioso" o exhibir 29

Usar la información como un diagnóstico
de lo que debes reparar de tu pareja 31

Otros aspectos de la intimidad 32

Compromiso 33

¿Qué vimos en este capítulo? 36

Capítulo 2. Construir confianza 41

¿Qué es la confianza? 42

Confianza desde adentro 43

Confianza desde afuera 45

¿Es mi pareja confiable? 47

¿Cómo se deteriora la confianza? 49

El abuso de lo privado 51
No te lo dije "por tu bien" 51
La confianza no es un juego 53
¿Cómo fortalecerla? 53
¿Se puede recuperar la confianza? 55
¿Qué vimos en este capítulo? 56

Capítulo 3. La aritmética del amor 59
Dar y recibir 61
Igualdad o equidad 63
Una fórmula para no fallar 64
¿Quién te enseñó a dar? 65
¿Qué valora tu pareja? 66
Aprender a recibir 70
¿Importaciones o contrabando? 72
Invertir en tu relación 72
¿Qué vimos en este capítulo? 75

Capítulo 4. El poder en la relación 79
Estilos de relacionarse respecto al poder 80
Relaciones simétricas 80
Relaciones complementarias 80
¿Cuál es la mejor para una pareja? 81
¿Entonces por qué surgen conflictos? 81
¿Por qué surge la rivalidad? 86
¿Entonces toda rivalidad tiene un trasfondo sano? 89
El péndulo 90
Los bandos 91
Diferencias inevitables 92
¡Se me acaba el poder! 93

Cuando ganar es perder 94
Sacar al enemigo de casa 95
Un nuevo poder 96
¿Qué vimos en este capítulo? 97

Capítulo 5. Hostilidad, agresión y otras armas que no ayudan 101
Métodos aprendidos 101
Tipos de agresión 104
El impacto en la relación 105
Alquimia diabólica: Convertir pequeños errores en crímenes de guerra 107
Receta infalible para transformar a tu pareja en tu peor enemigo (aun sin su colaboración ni consentimiento) 109
Abracadabra 111
Remplazar conductas 123
¿Qué vimos en este capítulo? 126

Capítulo 6. La infidelidad 131
¿Qué es para ustedes la infidelidad? 132
Acuerdos implícitos y explícitos 136
¿Fiel a quién? 137
¿Por qué somos infieles? 139
Tus decisiones 144
Un gran trauma 146
La vivencia 147
Palabras finales para "quienes les quede el saco" 158
¿Qué vimos en este capítulo? 160

11

Capítulo 7. El perdón..................................167

   Mi significado de perdón 168

   Significados y ofensas 168

   ¿Entonces todo depende de cómo clasifique el hecho y el ofensor no debe hacer nada?...............171

   ¿Qué no es el perdón? 172

Perdonar… 172

   ¿Imperdonable?..................................178

   ¿Es necesario perdonar? 179

   ¿Y si decido no perdonar? 179

   ¿Cuándo perdonar?..............................180

   Consideraciones para perdonar 182

   Pasos para pedir perdón 183

   ¿Qué hacer si el infractor no se muestra arrepentido o no reconoce su falta?..........186

   El perdón ante una infidelidad 187

   ¿Cómo saber si he perdonado de verdad? ...190

   ¿Y si definitivamente aun queriendo no puedo perdonar? 192

   En el perdón ¿el que calla otorga? 193

¿Qué vimos en este capítulo?.....................194

Capítulo 8. ¿Hay luz al final del túnel?............199

   La gratitud..202

   La admiración 204

   La inspiración......................................207

   Ser dos siendo cada uno.......................208

   Hazte cargo 209

   Evalúen su relación..............................210

Preguntas frecuentes 212

Introducción

Las relaciones de pareja no son sencillas, eso no es ninguna novedad; pero tampoco tendrían por qué ser lo más complicado e insufrible de la tierra si observamos ciertos patrones de conducta en una relación y hacemos los ajustes necesarios.

Debemos replantearnos cómo funcionan esas relaciones más allá de nuestro sentido común y nuestras viejas creencias (ni recordamos cómo y dónde las adquirimos), pero muy probablemente vienen de observaciones, deducciones y meticulosas instrucciones familiares, conscientes e inconscientes, desde nuestra infancia.

Solemos pensar que el amor es suficiente en una relación, pero hoy sabemos que no necesariamente es así. Es un componente muy importante, cierto, pero no el único ni el principal, si es que se busca una relación duradera.

Otros elementos como romance, intimidad y compromiso también son esenciales. De hecho, podríamos decir que estos cuatro son los grandes pilares en una pareja.

Seguro pensarás que confianza, fidelidad, perdón y lucha de poder son asimismo importantes. Tienes razón, pero los últimos temas son producto de la manera en que se manejan los cuatro anteriores. Sin embargo, no te preocupes, también hablaremos de ellos.

En estas páginas te acompañaré en un viaje al interior de una relación. Por supuesto, mencionaré lo que no nos ayuda, pero igual lo que puede sernos de utilidad para mejorar la relación con la persona que amamos.

Sin embargo, no hay garantías; como dice el dicho: "Para bailar tango se necesitan dos." Si tu pareja no está dispuesta a realizar el esfuerzo, no solamente será inútil sino que te causará gran frustración empeñarte con pobres resultados.

Por supuesto, este libro no es la fórmula mágica de salvación, pues no la hay. Sí es, en cambio, un excelente punto de partida para identificar lo que debe arreglarse y convivir con lo inmodificable. Sin embargo, nada de lo que yo diga aquí debe ser seguido al pie de la letra si sientes que no funcionará o, incluso, tendrá resultados contraproducentes. La solución a una relación de pareja deteriorada es como un traje que debe ajustarse de manera individual.

Si la ayuda que necesitas no la encuentras aquí, eres responsable de buscar y encontrar otras opciones. Hay talleres, procesos terapéuticos, asesorías o incluso otros textos que te servirán de referencia y ayuda.

Lo que sería muy desafortunado es que no te dieras la oportunidad de leer el libro. Si lo compraste para trabajar con tu pareja, sería poco alentador que él o ella se negaran a leerlo y trabajar con él. Siempre he sostenido que cuando uno descalifica y rechaza una explicación o un método, no puede meterse después las manos en los bolsillos sin ofrecer otra opción. Aquí es imprescindible la colaboración de tu pareja;

es decir, que no descartes algo sin proponer una alternativa que pueda ayudarles. Es decir, la voluntad de mejorar y cambiar es fundamental para salvar una relación de pareja. Cuando no existe, quizá toda posibilidad esté cerrada y sea momento de tomar otras decisiones.

Pero espera, si tu pareja se niega a trabajar contigo o a leer este libro contigo, siempre tienes la posibilidad de utilizarlo tú. Estoy seguro que en sus páginas te verás reflejado o reflejada en muchas circunstancias cotidianas de tu relación e incluso surgirán ideas y propuestas para trabajar por tu cuenta. Pero recuerda, no sólo es tuya la responsabilidad de mantener una relación o sostenerla sana, pero sería triste que si tu pareja no quiere caminar de la mano contigo, te quedes en una parálisis emocional, sin herramientas y rumbo definido.

Encontrarán al final de cada capítulo un breve resumen de lo visto y algunos ejercicios que los acompañarán en el proceso de aterrizar los temas tratados.

Así que bienvenidos a la lectura de este libro, sea en pareja o de modo individual. Estoy seguro que mucho se llevarán de él, pues aquí puse mucho de ciencia y del arte de ser pareja.

Los 4 componentes de una relación

Por supuesto, hay muchos elementos a considerar si observamos todo lo que sucede alrededor de dos personas involucradas emocionalmente. Desde los inicios, con el enamoramiento, hasta cuestiones más complejas como expectativas, necesidades y prioridades de cada uno. Sin embargo, suelo ver las relaciones estructuradas por cuatro elementos fundamentales. Éstos son: amor, romance, intimidad y compromiso, así que veamos cada uno de cerca.

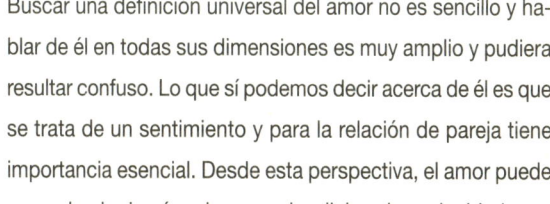

El amor

Buscar una definición universal del amor no es sencillo y hablar de él en todas sus dimensiones es muy amplio y pudiera resultar confuso. Lo que sí podemos decir acerca de él es que se trata de un sentimiento y para la relación de pareja tiene importancia esencial. Desde esta perspectiva, el amor puede verse desde dos ángulos, o mejor dicho, dos velocidades.

El amor de alta velocidad

Considerémoslo primero como un sentimiento momentáneo de alta velocidad. Una chispa que nos enciende e impulsa a acercarnos a una persona. Este amor se inicia a partir de áreas del cerebro relacionadas con la motivación y la recompensa, que interactúan, por ejemplo, ante las drogas, disparando de inmediato la pasión y el deseo de la persona que nos ha gustado para que nos movamos hacia ella y, al conquistarla, podamos ser neurológicamente recompensados por alcanzar lo anhelado. Sin esta poderosa motivación nada comenzaría, es parte de nuestro equipo emocional, reactivo e inconsciente. Pero esto sólo bastaría para un encuentro pasional, no para mantener viva la llama del amor y menos de una relación duradera. Es un poco como el hambre: una vez satisfecha se van las ganas de comer. Este tipo de amor es fugaz, rápido, del momento. Por fortuna, hay otras áreas cerebrales involucradas en este proceso y vinculadas a la empatía y la preocupación hacia la persona que nos atrae, como veremos a continuación, y es la parte que convierte la chispa en llama, pero aún faltaría el combustible que la mantenga.

El amor pausado

En segundo término, veamos al amor no como impulso reactivo, sino como estado duradero de la mente humana. Primero, nos identificamos con la persona amada; la razón sufre una especie de distorsión e incrementamos o añadimos virtudes a la otra persona y minimizamos ciertos defectos que, en ocasiones, hasta parecen parte del encanto de ese ser. Defectos que, por cierto, casi seguramente acabarás no soportando con facilidad cuando el amor deba incluir otros componentes. Pero eso ya no importaría tanto si, para ese momento, logramos desarrollar un vínculo de amor profundo, más allá del deseo inicial y que ahora nos permite asumir las emociones del otro. Alegrarnos con sus alegrías, entristecernos con sus tristezas. Es el amor que construye un "nosotros" y abre una ventana a un futuro común, al menos en el deseo de caminar juntos. Digamos que es el amor de Romeo y Julieta, del que se dice que todo lo puede y lo vence porque somos correspondidos con la misma intensidad. Claro, igual que el primero, tiene una vida que se acorta cuando no lo nutrimos. Lo que antes importaba y queríamos se reubica en nuestro sistema interno de categorías como indeseable si no hay reciprocidad en actos románticos y un vínculo más allá del mero sentimiento. Cabe decir que este amor es más pausado y sólido que el primero.

Podríamos resumir entonces que **amor es lo que se siente** hacia otro cuando hay pasión y deseo, pero también empatía y preocupación.

Romance

Veamos ahora el segundo elemento fundamental: romance. Cuando sentimos todo ese amor por una persona, tanto el de alta como el de pausada velocidad, necesitamos hacérselo saber por dos razones. La primera, enterarla de lo que sentimos y que tome en cuenta nuestro interés por estar cerca de ella: necesitamos que se sepa amada por nosotros para llamar su atención. En segundo lugar entra el tema de la reciprocidad. Cuando amamos y lo sabe el otro a través de actos románticos, esperamos que corresponda; es decir, que al saberse amado, nos ame también. Y claro, para darnos cuenta si esto sucede, debemos tener evidencia de ello. Esperamos actos románticos para saber qué sienten por nosotros.

Pero detengámonos aquí un momento. Mencioné la frase "actos románticos" un par de veces. ¿Qué son? Bien, son las cosas que le hacen saber a otra persona nuestro interés amoroso por ella. Estos actos se relacionan con el tiempo y la cultura en que se desarrollan. Lo romántico del siglo XVII en Europa no es igual a lo que nos parece romántico hoy en día en Latinoamérica, aunque la poesía, la música y los actos de caballerosidad quizá nunca pasen de moda, sólo se transforman.

Piensa, ¿qué es lo más romántico que alguien puede hacer por ti? ¿Qué es lo más antirromántico que jamás te gustaría de tu pareja? ¿Cuál es la película más romántica que recuerdas?

El tema del romance en una relación es crucial. Evidentemente, para conquistar a una persona es imprescindible llevar a cabo acciones que dejen ver nuestro interés por ella. Esto se ve incluso en la naturaleza; mamíferos, aves y hasta insectos tienen ciertas conductas y rituales de cortejo. El pavo real, por ejemplo, extiende su plumaje para que lo elijan. Machos de distintas especies luchan para demostrar a las hembras su fuerza y ser elegidos por ellas; otros esparcen orina y realizan complejas danzas, persecuciones y luchas como rituales de cortejo con fines reproductivos.

En nosotros, la finalidad de tener una pareja ya no es exclusivamente la cópula y la reproducción: queremos conservarla con cierta independencia de la existencia de hijos. Hoy convivimos con la pareja de manera satisfactoria y por un periodo más largo que el necesario para reproducirnos.

No obstante, la tragedia de la expresión romántica es que, una vez que la persona hace saber a la otra su interés, y éste ha sido correspondido, los actos románticos pierden todo sentido. Surgen frases del tipo: "Ya para qué le abro la puerta del coche, le regalo flores y le digo que le amo si ya lo sabe…" Y no es que el amor que origino esos actos ya no exista, simplemente ahora tu pareja ya sabe lo que sientes, ya no hay necesidad de refrendar ese amor de manera evidente. ¡Error!

En los seres humanos los actos románticos hacen que nuestra pareja sepa en todo momento que estamos interesados y enamorados de ella. Claro, inicialmente tenías esos detalles o incluso hacías cosas extraordinarias por mero impulso; "locuras de amor", solían llamarse. Y es verdad también que quizá ese impulso, el del amor de alta velocidad, ya no está tan presente. Ahora reina el amor pausado, si bien más sólido, es menos vistoso que el primero. Tiene menos fuegos artificiales y hazañas heroicas que deslumbren. Vamos, que ya no te dan muchas ganas de salir corriendo a comprar un antojo a 10 km de distancia o estar abrazado todo el tiempo mientras miran una película en la sala, especialmente si hace calor. Tampoco te dan tantas ganas de verte atractiva/o si la pijama de tres capas es más cómoda, si hace mucho frío. Tal vez ir tomados de la mano al caminar te parezca cosa de adolescentes; y esa llamada o mensaje a mitad del día, sólo para decirle que le quieres y está todo el día en tu pensamiento. ¿Qué... ahora ya no tienes tiempo?

Entonces, como dejamos de realizar actos románticos ya no los creemos necesarios, los suspendemos de manera inconsciente. Es aquí donde entra nuestra parte más humana, nuestra parte racional y tomamos la decisión de conservar esas conductas románticas, que ya no inician, pero sí mantienen una relación.

El amor vive mientras es correspondido. Aquel que soporta todo y no recibe respuesta, que no le importan los tratos del otro, ni siquiera puede llamarle amor a su relación. Vive en un engaño, en una idea falsa del afecto y la intimidad.

El amor necesita manifestarse mediante actos; es invisible sin ellos, a menos que estuviésemos conectados a un aparato de resonancia magnética funcional y nuestra pareja viese activarse las áreas cerebrales correspondientes al amor. Sin la reciprocidad, exteriorizada mediante actos románticos mutuos, el amor se enfría, endurece, arranca y acumula resentimiento en ambos. Entonces, si no hay romance, puedo dudar de que mi pareja me siga amando, aunque me lo asegure con palabras. Necesitamos actos para darnos cuenta.

¿Pero cualquier acto es suficiente? Es típico en terapia que las parejas tengan la siguiente discusión:

— *Yo siento que tú ya no me quieres.*
　— *Claro que te quiero; ¿por qué dices que no?*
— *No sé... ya no eres como antes.*
　— *¿Como antes cuándo? ¿Cómo?*

— Antes... cuando nos conocimos... expresabas más tu cariño... decías cosas lindas... hoy parece que estás de mal humor todo el tiempo y que es conmigo.

— No es contigo y no estoy de mal humor; tengo muchas presiones en el trabajo, ya lo sabes, pero eso no tiene que ver nada con que te quiero.

— Pues entonces te desquitas conmigo y uno no se desquita con quien ama. Yo también tengo presiones en mi trabajo y trato de no traerlas a casa justo para estar bien juntos. ¡Y lo hago porque yo sí te quiero!

— No me estoy desquitando de nada, a ti todo te parece mal y en tu trabajo qué estrés vas a tener... Mira, para acabar pronto, si no te quisiera no volvería todos los días a casa, ¿estamos? ¡Si regreso es porque te quiero y el día que ya no te quiera no vuelvo y punto!

Es evidente que en esta conversación una persona espera que la otra haga o deje de hacer algo porque no es congruente con su concepto del amor. Está esperando un acto romántico distinto: *"Expresabas más tu cariño, decías cosas lindas..."* La otra afirma que el amor existe y ofrece como prueba máxima, como acto romántico supremo, su presencia diaria en casa.

Códigos románticos compartidos

Parece evidente que si hoy están juntos es porque en algún momento compartieron códigos románticos que les hicieron saber lo que el otro sentía. En pocas palabras, se demostraron amor mutuo de manera entendible. ¿Entonces, qué sucedió?

Recordemos que con el amor de alta velocidad nuestra percepción se distorsiona y somos menos exigentes. Los códigos románticos sociales, y hasta los que no lo son tanto, parecen suficientes para recibir la señal que esperamos. Pero una vez que la relación progresa, surgen nuestros códigos personales. Esos que aprendimos de la familia o de las películas. Esperamos la señal correcta de que nuestra pareja nos sigue amando. ¿Pero cuál es? Eso varía de persona a persona. Cada uno tiene sus propios códigos. Para algunos son más verbales (palabras cariñosas, afirmaciones explícitas de amor), para otros se relacionan más con el contacto físico (tomarse de la mano, rozarse la pierna bajo la mesa, hacerse un cariño en la mejilla, un beso antes de irse a la cama o dormir abrazados). Hay quien interpreta el amor mediante llamadas, mensajes, hacer algo que te pidieron o que recuerdes una fecha especial. También hay quien necesita hacer cosas juntos, tener tiempo de calidad y la presencia del otro para sentirse amados.

Quizá ambos tengan códigos personales distintos y aquí es importante hablar el idioma romántico de tu pareja. Piensa: viajas a Rusia, no hablas ruso y necesitas comunicarte con los rusos, pues de ello depende tu felicidad. ¿Cómo crees lograr esto con la siguiente actitud?:

> — *Yo hablo perfecto castellano, los rusos deben entenderme, yo no tengo por qué aprender el idioma de ellos. Lo que yo diga debe ser entendido y si no lo entienden es su problema, yo sé lo que quiero y lo que siento y con que lo diga en el idioma que yo hablo basta.*

Sobra decir que con esta actitud no puedes esperar mucho, ni de los rusos ni de los chinos. Seguro algo lograrás, pero no lo necesario para una relación armónica.

Es indispensable, entonces, aprender el idioma romántico de nuestra pareja, no para dejar el nuestro por el de ella, sino para conocerlo y comunicarnos mejor. ¿O temes que si aprendes ruso se te olvide el castellano? Es obvio que no, es tu lengua materna.

Es necesario conocerse y compartir códigos románticos. Que cada uno diga lo que necesita para sentirse amado y a partir de ahí negociar. Si no manifiestas tus códigos, ¿cómo esperas que el otro los conozca? Y por favor deja ya eso de: "Si me ama debería saberlo". La lectura del pensamiento dejémoslo para algo distinto que nuestra relación de pareja.

Ya vimos que por adivinación nada se da. A veces funciona ser directos y preguntar, pero la forma más natural de enterarnos qué gusta o disgusta, qué enamora y desenamora a nuestra pareja, es a través del siguiente componente: intimidad.

Intimidad

Hablar de intimidad en pareja se refiere, de manera popular aunque quizá erróneamente, al aspecto sexual de la relación. Sin embargo, aquí la abordaremos desde una perspectiva distinta. Lo que es íntimo se refiere a lo que una persona guarda dentro de sí (del latín *intimus*: lo que está más adentro de todo): pensamientos, recuerdos, creencias, valores, emociones y sentimientos. Quizá lo más íntimo e incluso sagrado para una persona; su mundo interior.

Cuando conoces el mundo interior de tu pareja, identificas sus códigos románticos: fortalezas, debilidades, miedos, obsesiones y pequeñas paranoias. La profundidad a la que se llegue en esta exploración recíproca dependerá mucho de la confianza entre ambos, pero eso es materia de nuestro capítulo dos.

Utilizamos la información obtenida para conformar un mapa más preciso de la persona amada. Para cuidar, proteger, ser suaves y delicados donde sea necesario. También para reír, gozar y disfrutar y hasta para construir nuevos significados comunes, nuevas creencias y rituales compartidos a lo largo de su relación. Empiezan a crear un mundo íntimo común que se suma al de cada uno. La idea sigue siendo, como vimos con los actos románticos, agregar en vez de restar: sumar para crecer juntos.

Creando intimidad

Hay dos maneras de fortalecer este elemento. Una, a través de las conversaciones y revelaciones que cada uno hace de sí mismo durante la relación. Éste es un proceso delicado, pues muchas veces tememos abrirnos al otro (quizá porque deseamos proyectar una imagen de fortaleza, integridad, seguridad, etc.) o porque tememos ser lastimados. Que esa información se use para herirnos o debilite nuestra imagen y, por lo tanto, el aprecio que nos tenga nuestra pareja. Por eso este proceso de conversaciones y revelaciones debe ser recíproco, espontáneo y totalmente confidencial. Regido por la curiosidad más que por la coerción. Por la seducción, no por la presión.

El otro elemento es la convivencia. Cuando hacen cosas juntos, crean memorias compartidas que conforman ese mundo íntimo de ambos. Historias que contarán a los hijos, quizá nietos o personas muy cercanas cuando decidan hacerlo. Viajes, amigos comunes, lugares y experiencias en pareja construyen y fortalecen la intimidad. Momentos alegres, pero también tristes. Cada acto compartido es una oportunidad para la intimidad.

Errores comunes en la apertura de la intimidad

Claro, toda esa información íntima del otro representa una gran responsabilidad y es parte del cuarto elemento del que hablaré más adelante: el compromiso. Se trata de resguardar esa información y usarla para hacer el bien a tu pareja y nunca lo contrario. Mencionaré tres errores muy comunes que identifico en terapia acerca del uso de la intimidad.

Usar la información de la intimidad para atacar o "defenderse"

Una inteligencia emocional pobre nos impide identificar las emociones y los sentimientos que experimentamos y nos lleva a reacciones desafortunadas que erosionan las relaciones. Si mezclamos esto con valores difusos y frágiles, resulta un coctel muy peligroso que no conoce límites en la manera de hacerle saber al otro nuestro descontento o que nos ha lastimado, con o sin intención. Nos apresuramos a reaccionar lastimando al otro para que sepa cómo nos ha herido y evite hacerlo en el futuro. Es un principio natural de la venganza: "Que te duela tanto como me ha dolido a mí para que veas lo que se siente y no lo vuelvas a hacer". ¿Será éste el famoso y bíblico "ojo por ojo y diente por diente"? En fin, ciegos y chimuelos no vamos a llegar lejos. Veamos una conversación donde la información obtenida de la intimidad se usa para "defenderse":

— *Mi vida, mira qué horas son, vamos a llegar tardísimo.*
— *Pues qué quieres, estaba trabajando y el tránsito está peor que nunca.*
— *Caray, encima que llegas tarde vienes de malitas.*
— *Ya lo que sea... vámonos pues, ¿no que tanta prisa?*
— *Ay, sabes qué, si vas a estar así mejor no vamos a ningún lado.*
— *¿Así cómo? Ándale, vámonos ya y no empieces con tus tonterías porque vamos a acabar mal.*
— *Ah, ahora te parece que lo que yo digo es pura tontería.*
— *No dije eso y no quiero pleito, vámonos ya por favor.*
— *Ya te dije que no voy.*
— *¡Está bien, no vamos y ya! ¿Feliz?*
— *¿Cómo voy a estar feliz cuando me maltratas?*
— *Sí... está bien, lo que tú digas ya...*
— *Ya con eso lo arreglas todo según tú. Dices que no te quieres parecer a tu papá y mira que estás haciendo lo mismo que me contaste que le hacía a tu mamá cuando*

> *eras niño. Bendito sea Dios que yo sí trabajo y me puedo mantener, así que si acabamos divorciados como tus papás no voy a poner a los niños de cerillitos en el súper como tu mamá hizo contigo y tu hermano.*

En este ejemplo la violencia verbal no sólo se incrementó sino que el remate se vale de información muy íntima, posiblemente dolorosa, utilizada de manera inadmisible en una relación. Hacer esto equivale a una traición muy profunda que deteriora la confianza y fractura la relación.

Usar la información para hacerse el "gracioso" o exhibir

A veces por falta de prudencia, o cierta torpeza, generalmente en una reunión social, tendemos a "balconear" o exhibir a nuestra pareja. Resaltamos sus defectos, contamos anécdotas "cómicas" y hasta hacemos comentarios desafortunados y de mal gusto para "quedar bien" con los amigos. Por supuesto, el efecto es totalmente opuesto. Ante los demás se queda como un cretino/a o chismoso/a y ante la pareja como alguien cruel.

Recuerdo puntualmente un desayuno entre amigos hace algunos años. Compartíamos la mesa algunas parejas y de pronto un amigo mete la mano a su bolsillo y saca discretamente algunas pastillas que tomaba. De inmediato su esposa dice en voz alta: *"¿Cuántas pastillas creen que se toma mi marido en las mañanas? Enséñales mi vida... son como 7, ¿no? Toma de todo este pobre y lo peor es que ni necesita nada; que si las vitaminas, que si el Omega 3 o 6, ya ni sé, que la aspirinita protec, bueno, una farmacia ambulante. Cuéntales amor para qué es todo lo que tomas..."* Quizá el incidente parezca insignificante si no fuera porque mi amigo se mostró molesto, incluso avergonzado según me reveló más tarde, con la indiscreción de su esposa. Su reacción fue sólo sonreír, bajar la cabeza y moverla en señal de desaprobación. El ambiente se tensó y por fortuna alguien con mejor juicio le dio un giró a la conversación.

Cuando conté esta anécdota en otro lugar alguien me dijo: *"Ay Mario, pero que tal si él era también bien fregoncito con ella y sólo se estaba desquitando... una de cal, ¿no?"* Es verdad, pudo ser cierto, pero en ese momento no había manera de saberlo y, aunque hubiese sido verdad, es evidente que hay maneras más sanas de canalizar el resentimiento, ¿no es así? En ese caso estaría cayendo en el supuesto anterior, el de usar la información para "defenderse".

Me pregunto si revelar verdades íntimas sin autorización es más dañino que la calumnia o hasta una infidelidad. Quizá la violación de la información íntima no sea de efecto tan aparatoso, pero en definitiva resulta muy tóxica para la relación. Veamos un ejemplo de exhibir mediante la intimidad:

— *Yo siempre he estado en contra del soborno y la mordida.*
— *¡Ay, no te hagas de la boca chiquita!*
— *¿A qué te refieres?*
— *Bien que me contaste que cuando estabas en la prepa, le diste una botella al maestro de álgebra para que te pasara en el extraordinario.*
— *¡Pero eso fue hace mucho, tenía yo 17 años y sí, fue un error terrible de mi parte, estaba desesperado!*

> —¿Y cómo no?, si tu papá cuando reprobaban los insultaba y hasta los golpeaba si llegabas tomado, ¿no?
>
> —¿Bueno, pero eso qué tiene que ver con lo que estamos platicando?
>
> —Nada, pero entonces no digas que siempre has estado contra el soborno y la mordida como si fueras un ser perfecto.

Usar la información como un diagnóstico de lo que debes reparar de tu pareja

Muchas veces cometemos un grave error, pero con buena intención. Al ir conociendo el mundo íntimo de la pareja por supuesto que hay cosas que serán distintas y hasta divergentes de las nuestras. Quizá incluso algunas nos parezcan erróneas. Esto nos impulsará a tratar de que nuestra pareja modifique conductas y hasta creencias. Estamos seguros de que nuestro mundo interior es el correcto, así lo hemos pensado quizá desde niños, y lo que no encaja en él está mal. Buscamos cambiar y "corregir" al otro "por su propio bien". Entonces cuando tu pareja te comparte, por ejemplo, que le duele más el maltrato animal que el infantil te apresuras a desenvainar la espada de la justicia y con flamígero acento recriminas: *"¿Qué? ¿Estás demente? ¿Cómo te puede conmover más el maltrato a un animal que a un niño? ¡Estás mal!"* Hasta perece que reveló ser asistente personal de Herodes en otra vida.

Como éstos, hallaremos muchos ejemplos de información íntima compartida utilizada de manera descuidada. En pareja debemos aceptar los desacuerdos. Y si de verdad te parece tan atroz la revelación que tu pareja decida compartir contigo, planteate una pregunta y la respuesta te llevará a una decisión: *"¿Soy capaz de estar el resto de mi vida al lado de una persona que piensa así?* Si la respuesta es no, ya sabes el camino. Si es sí, entonces guarda ese secreto como un hecho de la vida y no lo uses jamás para lastimar.

Otros aspectos de la intimidad

La intimidad también significa estar ahí para la pareja. Es la semilla de la confianza. Cuando conoces las necesidades y debilidades de tu pareja, quieres evitarle sufrimiento innecesario y apoyarle cuando te necesita. Estás consciente de que hay diferencias e incluso divergencias, como ya he dicho, pero eso es parte también de una relación. No te relacionas con un clon tuyo ni con tu reflejo como describe el mito de Narciso.

¿Pero qué pasa con la intimidad cuando el tiempo pasa y hemos conseguido una apertura recíproca total, cuando sentimos que ya no queda nada por conocer de la pareja. Para empezar siempre habrá algo más que conocer porque somos seres dinámicos. Cambiamos perspectivas y puntos de vista como los árboles de follaje con cada estación, idealmente sin abandonar nuestras raíces, eso sí. Somos los mismos, pero siempre distintos. Aun así, la intimidad deja de enfocarse en las revelaciones, cuando ya se hicieron, y se convierte en complicidad. Una complicidad mutua y recíproca.

Cuando la intimidad se fortalece ni siquiera se utilizan palabras para comunicarse. Basta una mirada, un guiño o identificar una situación que sabes que a tu pareja le es importante para acudir en su ayuda o convertirte en su cómplice de alguna travesura, un reclamo en un lugar por un servicio de baja calidad o hasta marcharse de una fiesta aburrida.

La intimidad es lo que compartes con tu pareja. Es como las entrañas de su relación.

Compromiso

Imagina el siguiente escenario. A partir de hoy se te concede vivir con una persona que amas y te ama; y lo expreses de manera que tú sientas toda su profundidad y a la vez tú seas capaz de expresar el sentimiento y la otra persona lo sienta en toda su magnitud. Una relación donde puedan pasar largos y deliciosos momentos conversando, compartiendo cosas emocionantes y placenteras, conociéndose cada vez más y fortaleciendo la confianza mutua. Un espacio donde tus diferencias sean no sólo aceptadas, sino respetadas y comprendidas sin que el otro pretenda cambiarte, pero que te inspire con sus acciones a querer ser una mejor persona. Una relación donde la complicidad sea tal, que parece que conoces a tu pareja de toda la vida. ¿Aceptarías quedarte en esta relación?

¿Lo ves?, el compromiso es el resultado natural de desarrollar y fortalecer todos los elementos anteriores. Nadie debe convencerte, deseas estar en una relación así, cuidarla y nutrirla para que no se deteriore. Es lo más preciado para ti.

El compromiso es entonces la decisión consciente de quedarte porque no hay mejor lugar ni mejor persona para compartir la vida. Es quedarse juntos con el compromiso primario de disfrutar y gozar la vida individual y de pareja, pero no alejarse cuando los problemas surjan.

El compromiso involucra enfocarse más en soluciones que en problemas. Es mirar al pasado para aprender de él, no para tener armas que lleven al chantaje y la recriminación. Es una decisión de quedarse para estar bien, no para hacer la vida imposible al otro. Es tener un futuro común, donde hay un "nosotros" en el horizonte. Es aterrizar en el presente para hacer los ajustes necesarios, pero también para estar en el aquí y en el ahora, donde tu pareja te necesita y tú a ella.

Es también reconocer y abrir a tiempo conversaciones incómodas y ser capaz de escuchar, sin defenderse, los posibles reclamos, sabiendo que buscan algo bueno para la relación, como lo veremos en capítulos posteriores.

Es comprometerte a estar por todo lo que han vivido juntos, pero no estar obligado a esclavizarse a ello. El compromiso también involucra reconocer que quizá sea tiempo de no seguir lastimándose más, cuando prácticamente lo han intentado ya todo.

El compromiso incluye también el respeto a los acuerdos implícitos y explícitos establecidos. Honestidad, fidelidad, respeto y equidad son actitudes y valores fundamentales que no hay que explicar en una relación sana. Deben coexistir y dentro del compromiso se dan porque se está feliz en ella y se desea que perdure así largo tiempo.

En suma, el compromiso es la decisión de quedarte para bien y trabajar para fortalecer la intimidad y mantener vivos y vigentes los actos románticos que enamoran a tu pareja. De quedarte, quedarse para hacer de esa relación una de las experiencias maravillosas de su vida.

Éstos han sido los cuatro elementos fundamentales o pilares de una relación de pareja sana. Como vimos, el amor es más espontáneo y nos ocurre como resultado de diversos procesos neurológicos que escapan a nuestro control y voluntad. No obstante, no estamos tan a merced de las fuerzas instintivas, pues los otros tres componentes son más construidos desde la voluntad y hábitos aprendidos. Podemos decir entonces que mucho de lo que sucede en una relación está en nuestras manos. Al amor déjale el comienzo, pero enriquecerlo es tu responsabilidad.

¿Qué vimos en este capítulo?

- La relación de pareja se fundamenta en cuatro componentes centrales:
    - ◊ **Amor: Es lo que sientes** hacia el ser amado.
    - ◊ **Romance: Es lo que haces con lo que sientes,** para que el otro lo sepa y corresponda. Pero es importante que existan códigos románticos compartidos para que el romance sea más efectivo.
    - ◊ **Intimidad: Es lo que compartes con tu pareja** a partir de lo que sientes y lo que de manera recíproca se han demostrado. Es la oportunidad de conocer el mundo interior de tu pareja de manera más profunda.
    - ◊ **Compromiso: Es lo que decides** a partir de lo que sientes, de lo que juntos han hecho para expresar su amor y de lo que conocen del otro. Es la decisión y voluntad consciente de quedarte porque sientes que con nadie más, en ninguna otra parte, podrías ser tan feliz, pleno y correspondido que con esa persona y en esa relación.

- Que los cuatro elementos se relacionan entre sí y son interdependientes para coexistir en una relación sana.

◊ El amor conduce a los actos románticos, el romance nos da la oportunidad de mostrar al otro lo que sentimos, para fomentar la reciprocidad, pero también para conversar, compartir y conocer a la persona amada. El conocer a esa persona nos hace, por un lado, ser más certeros con los actos románticos, lo que dispara de nuevo el sentimiento de amor (reenamoramiento); por el otro, nos permite evaluar nuestra relación a partir de lo que ya conocemos y nos lleva a la decisión de comprometernos y quedarnos por voluntad y con gran gozo.

Ejercicios sugeridos

1. No den nada por sentado. Conversen acerca de las cosas que les encantan de cada uno y busquen llevarlas a cabo. No tienen que prometer nada, pueden llegar a acuerdos si lo desean, el objetivo es enterarse de algo que quizá ya no recuerdan e incluso nunca supieron, recordarle cosas bellas a tu pareja lo apreciará mucho. Piensa: qué te enamora de lo que tu pareja hace o qué añoras hacer juntos. Tendrán que usar la memoria y empezar sus frases con:

   1. Me encanta que tú…
   2. Me enamoras cuando…
   3. ¿Sabes qué me fascinaría hacer juntos…?
   4. ¿Sabes qué extraño? Extraño que…

Evita en lo posible los: "Tu ya nunca…", "Es que ya casi no…", "Hace mil años que ya no…" y frases de este tipo; saben de qué hablo, ¿no es así? Esta tarea está destinada especialmente a fortalecer el romance en su relación.

2. Utilicen las siguientes preguntas para conversar sobre ellas. Utilícenlas para sostener una conversación en una cena, un rato libre o durante un trayecto en el auto. Transmitan ideas, ábranse a otras posibilidades pero, sobre todo, conozcan a través de ellas el mundo interior de su pareja. Si no les vienen bien o se agotan, inventen otras, pero conversen sobre una sola pregunta cada vez. Y recuerden, no se trata de ver quién tiene la mejor respuesta o quién "gana"; se trata conocer, no de descalificar o burlarse de lo que escuchen.

1. ¿Qué te da más miedo en la vida?
2. ¿Cuál sería un día perfecto para ti?
3. ¿Cuál ha sido tu momento más bochornoso en la vida?
4. Si pudieras invitar a cenar con nosotros a cualquier persona del mundo, ¿a quién invitarías y por qué?
5. ¿Te gustaría ser superfamoso/a? ¿Por qué?
6. ¿Quiénes eran tus mejores amigos en la infancia?
7. ¿Qué prefieres al morir; entierro o cremación?
8. ¿Cuál ha sido el mejor regalo que recibiste en la niñez?
9. Dime tres cosas que tú y yo tenemos en común.
10. Si hiciéramos un viaje juntos, pero tuviésemos que elegir entre una de estas dos cosas, ¿cuál elegirías?:
    i. Hacer un viaje ordinario, haciendo cosas cotidianas, en un lugar común y corriente, pero traer fotos, objetos y en nuestra mente la memoria imborrable de ese viaje.
    ii. Hacer un viaje extraordinario, haciendo cosas emocionantes, en un lugar excepcional, viviendo la experiencia más divertida, emocionante e íntima de nuestra vida, sin traer con nosotros ninguna foto, ningún objeto, ni la memoria de la experiencia vivida.

11. ¿Qué agradeces más antes de haberme conocido?

12. Si pudieras borrar para siempre un recuerdo de tu pasado, ¿cuál sería?

13. ¿Quién de tu familia es tu persona favorita y por qué?

14. Si existiera una máquina del tiempo que te hiciera viajar a otros momentos de tu vida, ¿elegirías ir al pasado o al futuro? ¿Para qué?

15. ¿Cuál es el logro más importante de tu vida hasta este momento?

16. Suponiendo que al morir todos conserváramos en nuestra tumba, o fuera cremado con nosotros, un objeto material, ¿qué elegirías?

17. ¿Cuál ha sido tu más grande sueño o proyecto frustrado en la vida? ¿Por qué no buscas realizarlo en este momento?

18. ¿Sobre qué no te gusta que te hagan bromas?

19. Recuerda cómo te relacionas hoy con los animales o qué piensas de ellos. ¿Dónde, cuándo o de quién aprendiste esas ideas o sentimientos?

20. Dile a tu pareja tres cosas que te encanten de ella o que le admires (algo físico, de conducta, habilidad o talento) y que nunca se lo hayas dicho.

21. Confiesa algo de ti mismo/a que te moleste y te gustaría cambiar, pero hasta ahora no has podido.

22. Agradece a tu pareja tres cosas que no le agradeciste.

Esta tarea fortalecerá la intimidad; siéntanse libres de seguirla de manera textual, modificarla o crear sus propios cuestionamientos. Al menos una vez por semana hagan este ejercicio, sólo una pregunta cada vez.

CAPÍTULO 2

Construir confianza

Casi sobra recordar lo importante que es la confianza en una relación de pareja. Y digo casi, porque justamente, dada su importancia, dedico todo un capítulo a hablar sobre ella: considero que no hay nada tan arriesgado como creer que se sabe algo sin cerciorarse qué se sabe, si lo que se sabe es verdad, pero sobre todo si lo sabido ayuda.

La confianza es algo generalmente abstracto que no se ve directamente, sino que se manifiesta en el sentir y en las acciones de las personas. Sin ella, estaríamos en un estado de permanente angustia ante la incertidumbre de lo que pudiera pasar y no habrá tiempo para crear, apreciar y pensar en el futuro como un espacio lleno de posibilidades.

Por supuesto, no podríamos hablar sólo de confianza en la pareja sin hablar de la confianza en las personas; es decir, qué tanto confiamos, qué tan confiables somos y cuáles son nuestros estándares y parámetros para confiar o no en alguien.

¿Qué es la confianza?

El Diccionario de la Lengua Española la define como: "Esperanza firme que se tiene de alguien o de algo". Y si verificamos qué nos dice el mismo diccionario acerca de la palabra "Esperanza", se trata de: "Estado del ánimo en el cual se nos presenta como posible lo que deseamos". Así, tenemos elementos suficientes para construir un concepto de confianza, más o menos unificado y entendible, que nos proporcione un punto de partida común. Podría entonces ofrecer yo la siguiente definición acerca de la confianza: "Estado de ánimo que nos permite tener esperanza en que lo que deseamos es posible".

Aquí hay una responsabilidad por parte del que confía y haría bien en pensar y analizar, por un lado, qué tan posible y probable es que suceda lo que desea y, por el otro, tener plena conciencia de que ese deseo sólo se sustenta en una esperanza, más no necesariamente en una evidencia o certeza. No nos vendría nada mal análizar cuáles son nuestros estándares o medidas para otorgar confianza a las personas. Por ejemplo, si somos demasiado blandos quizá cualquiera podría entrar rápidamente a nuestras vidas "yéndose hasta la cocina", con las consecuencias que eso pudiera traer; por otra parte, si fueran exageradamente rígidos, seguro para llegar a la puerta de entrada pasarían mil pruebas. Entonces se trata de un proceso gradual y cauteloso, pero fluido y positivo, cuando se desea confiar en otro.

Podría decir que se trata de ver "qué tanto me voy soltando al confiar y qué tanto el otro me va dejando ver qué tan confiable es". Para clarificar esto, me gustaría describir la confianza desde dos perspectivas.

Confianza desde adentro

Podemos decir que la confianza se construye de adentro hacia fuera; desde el que confía hacia quien se desea confiar. Se deposita la esperanza y se abren posibilidades para que lo anhelado se cumpla. Sin esto, las oportunidades se cierran y entonces no importa qué suceda en el exterior; la confianza se haría imposible. Pensemos por ejemplo en una persona que durante su niñez fue bombardeada con mensajes de desconfianza, que todos los hombres o mujeres son iguales y no hay que entregarlo todo porque te traicionan. Es evidente, especialmente si estos mensajes vinieron de voces de autoridad, que esto altera nuestra capacidad de confiar, de manera más o menos independiente en lo que haga o no haga nuestra pareja o una posible pareja. De hecho, con nuestra capacidad de confiar tan manchada de distorsiones, no resulta difícil volverse hipervigilante, mirando no de manera objetiva lo que nuestra pareja hace, sino esperando lo que tememos que haga; es decir, se retira la confianza de la persona y se le otorga a la calamidad que, aun indeseada, se percibe como más probable. Así se constituye la desconfianza: con los mismos elementos (esperanza firme en alguien o algo), pero con sesgo negativo, pues esa esperanza no es sobre la posibilidad de lo que deseamos, sino de lo que tememos.

Una persona con la confianza debilitada "desde adentro" podría actuar de la siguiente manera:

— *Mi vida, ¿a dónde vas?*

— *A caminar un rato, estoy como saturado con todo lo que he hecho y necesito pensar.*

— ¿Pensar en qué? ¿Te hice algo?

— No mi vida, no es contigo, es lo que te conté del proyecto nuevo, me ha tenido muy inquieto.

— ¿Y entonces por qué no te quedas y lo platicas conmigo?

— Porque ya te conté todo, pero necesito despejarme, pensar...

— ¿Y no puedes pensar en la casa?

— ¿Te molesta que salga?

— No, no es eso... es por tu seguridad, que salgas solo me preocupa. ¿O debería molestarme?

— No, claro que no. Voy a estar bien, es sólo una caminata por el parque.

— ¿Te quedaste de ver con alguien verdad?

— ¿Eh? ¿Qué... ver con quién?

— No sé, dímelo tú, tú eres quien tiene prisa por salir a como dé lugar.

— No es a como dé lugar, sólo es a caminar un poco.

— Precisamente ahorita

— ¿Qué tiene de malo ahorita?

— Justo cuando verás a alguien.

— ¡No tengo que ver a nadie, sólo quiero salir!

— Está bien, está bien... vete ya, no te vayan a regañar.

— A mí nadie me regaña y no voy a ver a nadie. Si estás más tranquila no salgo y ya.

— ¡Ay, arruiné tu plan!, métete al baño y mándale mensajito a esa zorra que no pudiste ver, para que no se quede esperando la pobre.

No dudo que más de uno/a esté pensando que el sujeto de la conversación sí tenía algo que ocultar y sí vería a alguien. Si la evidencia era "clara", ¿no? Querer salir a caminar para pensar es signo "inequívoco" de engaño, ¿no es verdad?

Claro, estos aprendizajes y nuestro modelo interno de desconfianza también pudo haberse forjado desde experiencias del pasado, donde teníamos la esperanza puesta en alguien que no respondió conforme a nuestras expectativas. "¡Qué tonto/a fui!", nos decimos. "¿Cómo es posible que no me haya dado cuenta?" y "Eso me pasa por confiar" son frases muy socorridas cuando no pasó lo que esperábamos o pasó lo que no deseábamos, pero quizá ya temíamos.

¿Es así, somos tontos al confiar? Definitivamente creo que no, pero sí creo que la confianza que otorgamos debe acompañarse por una buena dosis de objetividad, para evitar confiar en lo "inconfiable", pero sin exigir a los demás total acomodo a nuestros estándares. Es también un equilibrio sutil para actuar a tiempo al activar los límites personales y no dejar pasar pequeños actos desagradables sin conversar acerca de ellos, pero también vivir con ciertas peculiaridades de nuestra pareja. Todo esto cabe perfectamente en un clima de confianza.

Confianza desde afuera

La esperanza y el deseo de que algo resulte bien no bastan para que esto sea realidad, especialmente cuando se involucra otra persona. Es verdad que somos dueños de nuestras expectativas, pero no de la voluntad de nadie.

Pensemos que tienes cubierta de manera sana la parte interna de la confianza; la que te pertenece y de acuerdo con tu juicio y deseos depositas en otra persona, en este caso tu pareja. Estupendo, pero viene ahora a escena otra perspectiva de la confianza: la externa.

Uno no puede exigir confianza o pedir simple y llanamente a alguien "confía en mí". Ya sea porque no conoces a la persona o la conoces demasiado bien, hay razones suficientes para no confiar siempre a la primera. Es decir, las acciones y cualidades de la persona forjan su identidad, pública y privada, y posibilitan depositar nuestros deseos de confiar o retirar nuestra confianza en una persona.

Siempre he sostenido que es mejor decir "tengo razones para confiar" a decir simplemente "confío", por grande que sea mi deseo. Razones basadas en el análisis de nuestras creencias, observaciones y experiencia con determinada persona. Por supuesto, al inicio de una relación, cuando no hemos tratado a una persona, podemos confiar desde la buena fe en la integridad del otro; es decir, presuponiendo que esa persona no me traicionará; pero también es verdad que ese voto de fe ciega debe dar paso al análisis y la observación, elementos más sólidos para la confianza. Es como un platillo que se ve muy sabroso; la vista te dice que debe estar muy bueno, pero sólo lo sabrás al acercarte, olerlo, probarlo y esperar el efecto que hará en ti. Luego podrás decir que realmente era algo bueno, rico y saludable. Antes, sólo era esperanza y deseo.

Por otra parte, es evidente que la persona en quien confiamos siempre puede cometer un error o transgredir nuestra confianza sin proponerse lastimarnos. Hacia el final del capítulo hablaré un poco más de esto y, por supuesto, también en el capítulo sobre el perdón.

La virtud de la confianza externa se genera a partir de las acciones de la persona en quien se desea confiar, consiste en fortalecer el sistema interno de confianza de la pareja. Acciones positivas la fortalecen y lamentablemente no ocurre a la inversa; es decir, no siempre la confianza promueve acciones positivas en aquel al que se otorga.

Algunas veces me preguntan cómo la confianza otorgada a una persona por muchos años, sustentada en su comportamiento habitual, puede perderse de pronto con un solo acto. ¿Qué, no cuenta toda una vida de haberse mostrado confiable para perder todo con un solo error? Claro que cuenta, imagina dónde estarían de no haber tenido todas esas experiencias positivas del pasado. No obstante, aquí suelo usar la analogía de los neumáticos de un auto. Cuando tienen la presión correcta el viaje es placentero y uno se olvida incluso de ellos. Pero si hay un desperfecto, o uno pierde presión, sin duda alguna la alarma se activará o el viaje dejará de ser tan fluido. Es necesario hacer reparaciones antes de que ocurra un accidente o el neumático se dañe irremediablemente. De hecho, como sabemos, a mayor velocidad mayor riesgo de un accidente fatal. Mientras más confiados estamos, más grave es el efecto de la transgresión o falta.

¿Es mi pareja confiable?

No puedo saberlo, pero sí hacerte otra pregunta a cambio. ¿Confías tú en tu pareja? Y lo pregunto porque quizá tu pareja sea confiable y tú no confíes en ella o viceversa. Lo ideal es que ambas cosas sean positivas; es decir, que sea confiable y confíes en ella.

Aun así, la pregunta inicial sigue en el aire; ¿es mi pareja confiable? Déjame decirte algo; si de verdad tienes que hacerte esa pregunta, en definitiva hay algo que te hace dudar y las dudas no son buenas compañeras de la confianza plena. Particularmente si esas dudas no representan apertura hacia tu pareja respecto a ellas o si se transforman en ruido mental que erosiona la relación. Te propongo cambiar la pregunta por otra más útil: ¿tengo razones para no confiar en mi pareja? Si respondes afirmativamente, ya tienes un inicio de conversación respecto a tus inquietudes y buscar juntos una solución. Claro, a pesar de tus razones o certezas tu pareja puede no reconocer los hechos o incluso negarse a conversar sobre ello. Sería una conducta muy desafortunada de su parte y complicaría la reparación, si realmente existió una falta, o alcanzar la paz mental, si todo ha sido un malentendido.

Pero si tu respuesta es negativa, no tengo razones para no confiar en mi pareja, pero aun así no puedo confiar plenamente en ella, creo que es hora de buscar ayuda profesional de manera individual, antes de actuar de modo destructivo para la relación.

Además te propongo responder estas preguntas: ¿Esta misma desconfianza hacia tu pareja actual la tuviste con parejas anteriores? ¿En general sueles desconfiar de la mayoría de las personas? ¿En general podrías decir que la gente que te quiere acaba traicionándote? Si respondiste afirmativamente a una o más de estas preguntas, entonces hay otra razón para buscar ayuda. Si no sabes con quién acudir, en mi página www.marioguerra.mx encontrarás opciones de ayuda.

¿Cómo se deteriora la confianza?

Quizá lo primero que viene a tu mente es una gran traición. Una infidelidad quizá. Es verdad, eso puede terminar con la confianza, pero tal vez una forma menos radical, aunque sostenida, es mediante conductas cotidianas.

Pequeñas promesas no cumplidas; faltas de honestidad; mentiras "blancas"; olvido de cosas "sin importancia" que tu pareja te ha contado o pedido; minimizar sus problemas o preocupaciones, en suma, todo acto que implique no estar en sintonía emocional, como en la siguiente conversación:

> — Mi vida, te acuerdas que el otro día te conté qué le pasó a mi hermana.
>
> — ¿Qué... o de qué?
>
> — De lo de su crédito hipotecario... del banco, ¿te acuerdas?
>
> — Ah... sí... ¿qué pasó?
>
> — Pues eso te pregunto, ¿qué pasó con lo que te pedí, qué te dijo tu jefe?
>
> — Ah... es que estuvo muy ocupado hoy y no le pude decir.
>
> — ¿Decirle qué?
>
> — Pues de eso, de lo de tu hermana...
>
> — Ajá, pero decirle qué, ¿qué le ibas a decir?
>
> — ¿Me estás probando?
>
> — No, sólo que ya no me dijiste qué le ibas a decir, me dijiste deja lo veo con mi jefe...
>
> — Pues de tu hermana, de la hipoteca, del banco...

—¿Ni sabes de lo que te estoy hablando verdad?

—Claro que sí, de tu hermana, de la hipoteca... ¿por qué te gusta probarme?

—No me gusta, pero no es la primera vez que te cuento algo importante y no me haces caso.

—Ay, ya vas a empezar, además eso es cosa de tu hermana, no nuestra, cuando se me olviden cosas de nosotros entonces enójate.

—Es que esto es importante para mí porque mi hermana me pidió ayuda y tú me dijiste que lo ibas a ver.

—Pues sí, pero la verdad tengo mucha chamba y no tengo tiempo de eso, deja que tu hermana lo resuelva, o que el bueno para nada de su marido haga algo útil de vez en cuando.

Una petición no cumplida, invalidar lo que para la pareja es importante y evadir un compromiso explícitamente contraído no son buenos cimientos para generar confianza.

En cuanto al tema personal, hay quien aboga por una total transparencia y apertura en la relación, donde no haya nada que un miembro de la pareja no sepa del otro. Si bien esto puede ser una buena práctica, si ambos lo acuerdan, sabemos que también pueden hacerse necesarios ciertos momentos o espacios de privacidad. Espacios para la reflexión, para poner en orden las ideas, para canalizar emociones crudas que podrían dañar si no se matizan. También espacios y tiempos para leer o redactar un correo para un amigo. La existencia de lo privado y el respeto a ello es una buena muestra de confianza en la relación.

El abuso de lo privado

Al deterioro de la confianza contribuye también el exceso de privacidad. Cuando se está en una relación de pareja hay cosas que el otro quiere saber de nosotros, de lo que pensamos, nos preocupa; el tema de la intimidad, del que ya conversamos en el capítulo uno. Bajo el mito de "no molestar" o de "esto es mío", se puede cometer el error de cerrarse demasiado a quien se ama.

> — *Te noto preocupada, mi vida, ¿tienes algo?*
> — *Nada... cosas... el trabajo, ya sabes...*
> — *¿Qué es, tu jefa de nuevo?*
> — *Sí... equis, ya lo resolveré.*
> — *¿Te puedo ayudar en algo?*
> — *No, no te preocupes, se me pasará.*
> — *Igual si me cuentas por lo menos te desahogas.*
> — *¿Para qué te cuento? Equis es equis, no importa, son cosas que pasan, no tiene que ver contigo. Es del trabajo y ya.*

Si esto se vuelve un patrón recurrente el resultado más probable es que uno de los dos se sienta excluido del mundo interior del otro, aunque ésa no sea la intención por la cual no se comparte o conversa sobre algún tema.

No te lo dije "por tu bien"

Este argumento es de los menos favorecedores en una relación; o su variante: "No te lo dije porque te ibas a enojar", a fin de justificar el ocultamiento de algo. Y no favorece porque esta sola frase encierra varios mensajes:

1. Que la persona no tiene la madurez o capacidad para manejar situaciones de esta naturaleza.
2. Que la persona tiene un pobre control emocional.
3. Que como lo anterior es cierto, al ser nosotros seres "más evolucionados", debemos protegerle de la verdad "por su propio bien".

En suma, el que oculta se pone en posición de superioridad, disfrazada de bondad, y al que se le oculta se le pone como imbécil, incapaz o neurótico descontrolado. ¿Quién quiere estar en una relación donde estos supuestos rigen el flujo de la información? Todo esto se evitaría fácilmente si no hubiera necesidad de ocultar algo, ¿no es así?

— *Me acaban de llamar, hay un problema con la hipoteca de la casa y debemos no sé cuántos pagos, ¿qué pasó?*
— *Nada, me confundí y aboné a la cuenta anterior, pero ya lo estoy arreglando.*
— *¿Y por qué no me dijiste?*
— *¿Para qué? Te digo que ya lo estoy arreglando.*
— *Pues de menos para saber, es algo importante.*
— *Pues con saber no arreglas nada y mira cómo te pones. Justo por eso no te digo las cosas. Mira, confía en mí, siempre que no te diga algo es por tu bien y porque sé que lo voy a resolver.*

La confianza no es un juego

Muchas veces la confianza es como la puerta que da al jardín. Se abre con cualquier viento, se azota con cualquier ráfaga. Va y viene como moneda de cambio. Se perdonan las mismas faltas una y mil veces, uno mismo no tiene estándares ni límites claros y entonces puede pasar todo. Decir que hoy confío en ti, mañana ya no y pasado volver a confiar, no es una conducta que genere confianza ni certidumbre en nadie. Tampoco lo es declarar que confío y actuar como si no lo hiciera o pedir que confíen en uno y actuar de manera que nadie confíe.

También, bajo el argumento de que "hay confianza", se olvidan atenciones o se cae en conductas francamente rudas hacia la pareja. Al final venimos de una cultura donde lo mejor se guarda para los invitados aunque los de casa no coman. Al menos en las relaciones de pareja deberíamos revertir esto; es decir, lo mejor para la pareja y lo bueno para los de afuera.

Una de las peores formas de "jugar" con la confianza y poner en riesgo una relación son las amenazas para obtener lo que se desea. Amenazar con el "me voy de la casa", "un día de estos ya no me vas a encontrar" o "síguele, un día ya no voy a aguantar"... frases que corroen y horadan los cimientos de lo que fue una muy buena relación.

¿Cómo fortalecerla?

Ya no resulta tan difícil, a estas alturas del libro, darnos cuenta de lo que fortalece o debilita la confianza. Por supuesto, la infidelidad, el desprecio o la violencia de cualquier tipo las damos por descontadas, pues son las grandes causas de perder la confianza e incluso terminar una relación. Sin embargo, las siguientes actitudes cotidianas nos ayudarán a recordar lo que ayuda:

1. Cumple lo que ofreces.
    ◊ No es la magnitud que le das al hecho incumplido, sino el no cumplirlo lo que agrava la situación.
    ◊ Pide perdón y hazte cargo cuando sepas que no cumplirás.
2. Reconoce tus errores sin defenderte.
    ◊ "No puede haber perdón sin confesión", decía el obispo sudafricano Desmond Tutu.
    ◊ Repara y evita reincidencias cuando lastimes.
    ◊ Evita mentiras y secretos.
3. Escucha a tu pareja sin distracciones y con interés.
    ◊ Valida sus emociones, sintonízate emocionalmente con lo que te cuente.
    ◊ Entiende sus preocupaciones, aunque para ti la misma situación resultaría "pan comido".
4. Ofrece tu ayuda, pero respeta las soluciones de tu pareja.
    ◊ Da tu punto de vista como una posibilidad, no como el camino obligatorio a seguir.
5. Salvaguarda a tu pareja aun en su ausencia.
    ◊ Nunca te burles de tu pareja ni la exhibas ante nadie.
    ◊ Si no abres la boca para defenderla, menos lo hagas para atacarla.

¿Se puede recuperar la confianza?

Es la gran pregunta en una relación, especialmente tras una falta grave. La respuesta dependerá de cada uno; yo diría que sí, es posible, si ambos están interesados, dispuestos y trabajan en ello. A veces es necesaria la ayuda de un profesional para abreviar y fortalecer el proceso, conforme a lo que haya sucedido, pero te adelanto que más que promesas, las acciones abren el camino a la confianza.

De nada sirve prometer si no se es capaz de demostrar. Incluso a veces las promesas y las ofertas de cambio no surten efecto alguno. Las acciones nos constituyen, forman nuestra imagen ante nosotros mismos y ante los demás; lo ideal es que palabras y acciones vayan de la mano, eso fortalece el proceso, pero palabras sin acciones congruentes debilitan aún más la relación. Sería preferible no ofrecer nada a ofrecerlo y no cumplirlo. Al final de este capítulo encontrarán algunos ejercicios que fortalecerán la confianza. Pero dada la frecuencia con la que ocurre, y la complejidad que conlleva, en capítulos posteriores hablaré del tema de la infidelidad y el perdón, si es tu caso.

La confianza debería ser una de las materias sagradas y medulares de una relación sana. Ser capaces de otorgarla y dar razones para tenerla, sería el mensaje en este aspecto.

¿Qué vimos en este capítulo?

La confianza tiene dos perspectivas. Tu capacidad de confiar y las acciones de tu pareja para fortalecerla. Ambas son necesarias para forjar una confianza más sólida en la relación.

Si tienes razones para no confiar en tu pareja, lo mejor es hablar al respecto y hacer los ajustes necesarios. Si no tienes razones, pero aun así desconfías, busca ayuda profesional.

Las promesas no son suficientes para forjar un sistema de confianza sólido en la pareja, las acciones son ladrillos más sólidos.

No son las grandes acciones las que forjan una gran confianza, sino las pequeñas y cotidianas: éstas construyen o deterioran de manera sostenida

Ejercicios sugeridos

1. Para la desconfianza interna sin razón aparente:
    ◊ **Usa un diario de temores.** En una libreta o cuaderno, usa una hoja por día. Divídela en dos columnas y del lado izquierdo coloca el encabezado: "Lo que temo que suceda" y del lado

derecho "Lo que realmente sucedió". Todas las mañanas, antes de empezar tus actividades, anota en el lado izquierdo todo lo que temes respecto a tu pareja o tu relación. Anota tantas como temas. Luego, por las noches, justo antes de dormir, anota en el lado derecho, frente a cada temor de la mañana, si eso sucedió o no. Si sucedió anota: "Sí pasó", si no, anota: "No pasó". Haz esto todos los días, sin importar si se repiten temores. Hazlo hasta que desaparezcan de tu mente los que no suceden. Con los que sí suceden, pasa al siguiente ejercicio.

2. Para la desconfianza con alguna razón:
- ◊ **Abre el tema con tu pareja.** Si tus temores son fundados es momento de hablar con tu pareja acerca de tus temores o tu sentir, no tanto de los hechos. Sigue las siguientes recomendaciones:
  - Dile a tu pareja que te gustaría hablar de algo importante. Pregunta si es buen momento. Si no, propón esperar no más de 24 horas para abordar el tema.
  - Habla a tu pareja de esta manera:
    "Quiero decirte que últimamente me siento…"
    "Y me siento así porque…"
    "No puedo exigirte que hagas algo distinto, pero sí quería hacerte saber cómo me siento y preguntarte qué propones para darle una solución a esto."
  - Evita las acusaciones del tipo: *"Tú siempre, tú nunca…"*
  - Evita mezclar otros hechos del presente o del pasado, enfócate sólo en ese tema en particular.
  - Si te reclaman a ti no interrumpas, espera a que tu pareja te diga su sentir y sus argumentos y luego, sin defenderte, valida sus sentimientos: *"Entiendo que te sientas*

así si piensas de esa manera…", expón con la verdad tus razones: *"Lamento que lo veas de esta manera, pero no ha sido mi intención lastimarte…"* Si procede, pide perdón: *"No sabía que te sentías así, por favor perdóname…"* Finalmente, ofrece tu solución y a partir de ahí empiecen a negociar **nuevas conductas y acciones** que a ambos los hagan recuperar la confianza.

CAPÍTULO 3

La aritmética del amor

De niños una de las habilidades básicas es aprender a contar y, conforme crecemos, hacer operaciones matemáticas simples y luego otras más complejas. Se nos enseña que uno más uno son dos y que la mitad de uno es medio. Sin embargo, parece que en el amor y las relaciones operan leyes distintas a la aritmética.

A las personas rígidas e inflexibles en sus puntos de vista, o en la manera de hacer las cosas, les cuesta mucho aceptar una lógica distinta a la adquirida. Y no los culpo, pues a veces en el amor aplica una lógica y un sentido común extraños. No estoy diciendo que el fin justifique los medios, pero si encontramos un método que ofrezca mejores resultados, que podamos usar una y otra vez y sea repetible en distintos contextos, a pesar de no ser el más "coherente" para nosotros, ¿no valdría la pena intentarlo?

Imagina que de pronto un ser superior con poder y autoridad te hace el siguiente planteamiento:

Te voy a dar una operación a resolver. Del resultado dependerá tu felicidad para toda la vida, pero te aviso: si tu resultado es número par, no podrás ser feliz nunca. Si el número que coloques es non, entonces tu felicidad estará garantizada. ¿Listo? Responde:

$$2+2= _____$$

Si tomaras por cierto el planteamiento anterior, y tu felicidad dependiera de ello conforme a la hipótesis planteada, ¿qué resultado pondrías?

Siguiendo la misma suposición, observemos algunas distinciones entre la aritmética convencional (muy útil para la gran mayoría de las situaciones) y lo que llamo la "aritmética del amor", aplicable justo en esos casos.

Aritmética	Aritmética del amor	Explicación
1+1= 2	1+1= 2	Aquí coinciden: el aporte de cada uno da un resultado mayor.
1+0= 1	1+0= 0	Si ambos no aportan algo, la relación será nula para los dos. Es evidente que quien pierde más es quien sí aportó.
0+0= 0	0+0= 1 y 1	Si ninguno aporta, entonces cada quien por su lado. Si de la relación no obtienen nada, porque nada aportan, ¿qué hacen juntos?
2+1= 3	2+1= 0	Si hay un tercero intruso en la relación romántica, la relación suele anularse.

Como vemos en esta idea, el aporte de ambos es necesario para el buen funcionamiento de la relación, pues si se vive en pareja, cuando ambos ponen los dos ganan, cuando uno pierde, ambos pierden y si uno deja de dar, la sana relación acaba.

En más de una ocasión, y en distintos foros, algunas personas me han preguntado: *"Mario, ¿por qué la gente habla de 'la relación' como si fuera una tercera entidad, como si tuviera vida propia…?* Y yo les respondo: *"De alguna manera la tiene; claro que la tiene"*.

Nosotros estamos vivos, pero dependemos del adecuado funcionamiento de cada uno de nuestros órganos, sistemas y aparatos para sobrevivir. También la célula tiene vida propia, pero depende de todos sus organelos para funcionar. La relación de pareja, desde mi punto de vista, es algo muy parecido. Necesita que cada parte haga lo que le corresponde para mantenerla viva y funcional. Claro que está bajo riesgos similares; es decir, envejecimiento, oxidación, desnutrición, radicales libres o agentes patógenos externos; pero podría estar en el ambiente más sano posible, y si uno de sus componentes falla, sufrirá daños irreparables o morirá. Por supuesto, quizá no muera y se comporte de maneras no previstas ni deseadas, como sucede con el cáncer. ¿Necesito decir más? Así somos, así son las relaciones; mucho más que la suma de sus partes y entidades con vida propia.

Dar y recibir

Una de las funciones básicas que mantiene viva y sana una relación es la reciprocidad. La capacidad y disposición que cada uno tiene para dar y recibir, recibir y dar. ¿Pero cuánto dar?, ¿cuándo?, ¿cómo?, ¿con qué propósito? Por supuesto, como ya adivinaron, no me refiero sólo a lo material, sino primordialmente a lo emocional.

Hay muchas creencias alrededor de lo que se debe dar o esperar en una relación de pareja. Mitos a veces no muy útiles, como que cada uno debe aportar 50 por ciento para que una relación funcione, cuestión de la que se desprenden otras preguntas: ¿Qué pasa si mi pareja no da su 50 por ciento? ¿Siento que doy más? ¿Por qué mi pareja no da sin que yo tenga que pedírselo? Quejas comunes y no de menor importancia suelen escucharse dentro del consultorio.

Recordemos que la aritmética del amor es distinta. Por ejemplo, en una relación sana, en cuanto a porcentajes de colaboración, a veces el 50/50 puede darse, pero regularmente esto es variable conforme al momento, las circunstancias y hasta el estado de ánimo de la pareja y de la relación en sí misma. Por ejemplo, hay parejas que en lo doméstico funcionan con un acuerdo 80/20 y en lo económico con 30/70. Hay personas que pasan por una mala racha o uno de los dos enferma y entonces la relación funciona con base en 90/10.

¿Entonces, en dónde aprendimos que todo debe ser 50/50? ¿Quién mide lo equitativo? Por ejemplo, ¿cómo saber quién da más en el siguiente supuesto?

> A. Dormiste bien, tus días han estado relajados y tu pareja te pide que la dejes en el aeropuerto a la mañana siguiente, pues debe salir en el vuelo de las 6 a.m. Aceptas y cumples.
>
> B. No has dormido bien porque tienes mucho trabajo, los días de la semana han sido estresantes e incluso hoy no

> podrás dormir sino hasta entrada la madrugada, pues debes terminar algo urgente. Tu pareja te pide llevarla al aeropuerto a la mañana siguiente, pues debe salir en el vuelo de las 6 a.m. Aceptas y cumples.

En ambos casos la acción es la misma, no así las circunstancias. ¿Podríamos valorar estas situaciones de distinta manera? Si fuera así, ¿cuál dirías que vale más?

Igualdad o equidad

En el ejemplo anterior vimos dos acciones iguales y circunstancias diferentes. De alguna manera parecería que el escenario B conlleva un extra que parece hacerlo más valioso. Aquí entra la aritmética del amor en los conceptos de igualdad y equidad. Veamos el siguiente ejemplo:

Tu pareja y tú acuerdan cenar para celebrar un éxito común. En estos casos suelen dividirse la cuenta, que fue de 3000 pesos. ¿Cómo lo hacen?

Quién	Ingresos mensuales	Aportación a la cuenta del restaurante	% de sus ingresos aportado
Opción 1			
Tú	100000	1500	1.5%
Tu pareja	10000	1500	15%
Opción 2			
Tú	100000	2727	2.73%
Tu pareja	10000	273	2.73%

¿Cuál solución es más justa, la 1 o la 2? ¿Cuál es para ti la equitativa y cuál la igualitaria? ¿Dirías que en la aritmética del amor la reciprocidad no debe medirse con frialdad? ¿Pensarías acaso que es el hombre, o el que gana más, quien debería hacerse cargo de toda la cuenta? Entonces definamos igualdad y equidad en nuestra aritmética del amor:

> - **Igualdad:** Que cada quien dé o reciba lo mismo. La igualdad no siempre deriva en equidad.
> - **Equidad:** Que cada quien dé o reciba lo que le corresponde. La equidad suele derivar en igualdad.

Volvamos al cuadro anterior. En la opción 1 parece haber igualdad en el monto aportado, pero hay una inequidad en cuanto al porcentaje de ingresos: hay desigualdad en la relación. En la opción 2, en cambio, hay desigualdad en el monto aportado, pero equidad en cuanto al porcentaje de ingresos, por lo cual finalmente hay igualdad de trato en la relación.

Es evidente que mi ejemplo es monetario con la finalidad de hacer más claro el punto, pero pensemos en equidad e igualdad en términos de emociones, tiempo compartido o actos románticos.

Una fórmula para no fallar

Sabemos que la finalidad de una relación no es satisfacer todas las necesidades del otro; aun queriéndolo es imposible, pues hay necesidades que deben satisfacer cada uno. Sin embargo, la intención bien podría apuntar en esa dirección. Me refiero a poner de nuestra parte todo lo que esté a nuestro alcance para que nuestra pareja encuentre lo que necesita de nosotros. No limitarnos, al menos en intenciones, al mero 50 por ciento que "nos toca" o quedarnos con un "es lo que puedo".

Mi propuesta es que cada uno ofrezca a su pareja 70 o 75 por ciento de lo que necesita. Y no quiero decir que escatimen, sino, como acabo de decir, nadie puede proveer a otro 100 por ciento y sería frustrante de no lograrlo.

Esta propuesta es de buena voluntad y reciprocidad, pues si ambos desean lo mismo, probablemente no siempre lo consigan, pero podrán acercarse a lo que alguna vez han pretendido. Pensemos en la aritmética: 70 + 70 = 140; y en la aritmética del amor: 70 + 70 = 100.

¿Quién te enseñó a dar?

No es infrecuente que algunos aprendizajes de la infancia incluyan conductas mezquinas. Por ejemplo, hay quien sólo da hasta que recibe; y según valore lo recibido, será lo que dé.

Recuerda esto: es verdad que la reciprocidad es siempre de ambos, pero la generosidad es tuya. Si tu pareja no da lo que esperas, es mejor decirlo, negociarlo, pero nunca escatimar para castigar o presionar. Parece de poco sentido común volverse un tacaño emocional con la finalidad de que alguien se vuelva generoso. Si das menos porque recibes menos, seguro esa relación morirá de desnutrición amorosa, pues lo más seguro es que tu pareja actúe igual.

¿Y qué me dicen de quien se guarda lo mejor para que su pareja no sienta que lo "tiene seguro"? Como el que no demuestra su amor para que el otro "no se la crea y abuse de eso". Hay un dicho muy viejo que reza así: "A la mujer ni todo el amor, ni todo el dinero". Visto de manera positiva, esto no sólo aplicaría para las mujeres, sino para cualquier persona. Si uno entrega todo, se queda vacío y quién quiere estar junto a una persona vaciada. Una buena autoestima involucra ser capaz de darse para sí mismo, además de a los demás. Visto ese dicho desde su ángulo negativo, manda un mensaje no muy afortunado: se busca mantener al otro con lo indispensable, para que siempre necesite más de nosotros o, como he dicho, para que no abuse.

Si de verdad crees que tu pareja abusa de ti o de lo que das, pregúntate con quién te relacionas o quién te enseñó que quien te quiere te lastima o abusa de ti.

En este rubro de las distorsiones con la aritmética del amor, también está quien se niega a recibir para no comprometerse a dar, el que da con la intención de obtener reconocimiento o halagos o siente que dando lo quieren más. Existe el que da por temor a dejar de ser querido y quien entrega el 100 por ciento diciendo que no espera nada a cambio. En una relación de pareja siempre dar, sin esperar nunca recibir, no es una actitud de amor sano, por más que parezca algo muy romántico o generoso a simple vista.

¿Qué valora tu pareja?

Es innegable que cada uno valora distintas cosas de diferente manera. Cuando uno ama a otra persona, procura darle el mejor regalo, atención o detalle a fin de que sepa cuánto la amamos (¿recuerdan los actos románticos del capítulo uno?)

Por ejemplo, un acto de hospitalidad ancestral implica dar refugio y comida al viajero cansado e incluso ciertos simios, como los bonobos, socializan obsequiando comida aun a extraños a su clan. Ofrecer abrigo y alimento a quien lo necesita se considera signo de generosidad universal. Ofrecer regalos en los cumpleaños también es visto como signo de buena voluntad y cariño. Más allá de eso, cada uno de nosotros tiene códigos internos acerca de lo que es más valioso.

¿Pero qué pasa cuando lo que se considera valioso no es visto así por la persona que recibe? Veamos el siguiente ejemplo:

— *Amorcito, mira lo que traje para cenar.*
— *¿Pan?, ¿pero qué no te acuerdas que estoy a dieta, cómo se te ocurre traer pan?*
— *Pero es del que te gusta...*
— *¡Peor! Tú me quieres ver rodar o de plano no te importa mi salud, no hay otra forma de explicar esto...*

O este otro:

Es cumpleaños de tu pareja. Además de darle el regalo que deseaba mucho, le preparas una fiesta sorpresa con los amigos. Todo te quedó perfecto; incluso tú cocinaste y atendiste a los invitados, mientras un amigo que sabe de bebidas se hace cargo del bar y así tu pareja no se preocupará por nada. Esa noche, al terminar la fiesta:

— ¿Qué tal, te gustó tu sorpre?

— Sí, gracias, estuvo muy padre...

— ¿Qué... tienes algo?

— No, nada, ¿por?

— No sé, siento como que algo tienes...

— Pues es que... sí. La fiesta estuvo muy padre y todo, mi regalo fenomenal, pero no sé...

— No sabes qué...

— No sé... es que no me la pasé tan padre...

— ¿¿Por??

— Pues es que... estabas como distante...

— Estaba atendiendo a los invitados, cocinando, pero estuve ahí todo el tiempo.

— Pues sí, pero yo hubiera querido tenerte cerca...

— ¿Cómo iba a estar cerca si estaba de un lado para otro?

— Por eso... no estuviste mucho conmigo.

— ¿O sea que la regué, no?

— ¡No, no digas eso! Sólo dije que me habría gustado que estuvieras más conmigo.

— Pues no te entiendo. Me mato para que sea la fiesta de tu vida, te doy el regalo que tanto querías y lo resuelvo todo para que tú no te preocupes por nada y resulta que no te gustó.

— Yo no dije eso... ¿sabes qué?, olvídalo. Yo sólo habría querido que me abrazaras y me dijeras que me quieres, pero creo que fue lo último que tuve.

— Pues yo habría esperado tantita consideración y gratitud, pero yo también fue lo último que tuve.... ¡Hasta mañana!

En ambos ejemplos vemos buena voluntad, por supuesto, pero el mensaje no surtió el efecto esperado, sino al contrario. En el primer ejemplo quizá quien compró el pan no consideró que su pareja estaba a dieta o quizá no le pareció importante. Su pareja también podría haber agradecido el gesto y hacerle saber que por el momento no comía pan. En el segundo ejemplo, quien organizó la fiesta pensó dar a su pareja lo necesario para pasar el cumpleaños de su vida, pero quizá no consideró lo que para su pareja era más importante: la cercanía. Y por supuesto, quien organizo la fiesta esperaba reconocimiento y gratitud.

La cuestión es que en la aritmética del amor el tipo de cambio no siempre es equitativo y lo que vale mucho para uno quizá no sea valioso para otro. Esto es perfectamente normal y para agregar valor a cualquier gesto romántico, lo mejor es conocer el sistema de valoración de tu pareja.

Aquí cobra importancia fundamental la sintonía derivada de la intimidad, ¿la recuerdan? Las conversaciones y experiencias con tu pareja para conocer su mundo interior, lo que le importa y realmente necesita. De esta manera, llevar en la época de dieta yogur u organizar una fiesta para estar cerca de tu pareja, cuando eso le es importante, multiplicará los actos románticos porque estarás dando en el blanco. No digo que no des sorpresas, pero si conoces mejor a tu pareja, tus sorpresas no sólo encantarán, servirán para reenamorarlas.

Hay quien valora más una salida al cine, una flor sin razón aparente, decirle que le quieres o hacerte presente durante el día mediante una llamada o un mensaje. En la aritmética del amor, no todo lo que vale debe costar, ni todo lo que les cueste será lo más valioso para cada uno. Conversen, escuchen y observen; aprendan de cada uno y, si hay duda, siempre pueden preguntar, ¿no es así?

Aprender a recibir

Por supuesto, en esta aritmética del amor está la contraparte del dar y de saber recibir. Hay personas menos efusivas y ello no demerita en nada el aprecio que sienten por lo recibido, la cuestión está en la manera de expresarlo. Pero también es verdad que si no demostramos gusto o gratitud hacia algo recibido, de manera que quien lo da pueda percibirlo, difícilmente evaluará de manera efectiva el efecto causado por su intento de complacernos o agradarnos.

En este caso las cuentas las elabora cada uno. El que da, conociendo las maneras de reaccionar de la pareja. Y el que recibe, haciendo saber a su pareja si algo le agradó o no, en un código compartido para ambos adecuado.

No se trata de que seas como no eres, simplemente que ambos estén conscientes y de acuerdo en el estilo particular de cada uno para comunicar aprecio y gratitud. Pero cuidado: si argumentas a tu pareja que no eres efusivo/a al recibir regalos o expresar gratitud, más vale revisar conductas y reacciones en otros contextos. Sería muy desafortunado, y difícil de entender para cualquiera, por qué no corresponde tu dicho con tus actos entre personas distintas a tu pareja.

Quizá una fórmula muy efectiva, con lenguaje casi universal, sería la siguiente:

1. Recibe de tu pareja un acto romántico, regalo o detalle.
2. Agradece su gesto o acción, primero por la intención en sí misma.
   ◊ *"Gracias por pensar en mí."*
3. Si el regalo o la acción no son de tu agrado, hazle saber a tu pareja tus razones y refuerza la expresión de tu reconocimiento por su intención.
   ◊ *"Caray, la talla de este saco parece que no me sienta muy bien, me encantaría que me acompañaras a cambiarlo el fin de semana, ¿puedes?"*
   ◊ *"Ay, mi vida, que mala suerte tengo de estar a dieta con este pan tan sabroso... me da tanta tristeza regalárselo a alguien. Por favor, dime que cuando acabe la dieta podemos ir por uno..."*
   ◊ *"Gracias por mi fiesta, estuvo increíble, me habría encantado tenerte más tiempo a mi lado, pero entiendo que atendías todo. Para la siguiente igual le pedimos a alguien que nos ayude para disfrutar ambos más de estar juntos, ¿te parece?"*
4. Si el regalo o acción son de tu agrado, especifica qué te gustó más.
   ◊ *"Justo pensaba que me encantaría ir al cine y te me adelantaste, gracias."*
   ◊ *"Qué bonita taza y de mi color favorito. Sabes que me fascina estrenar, muchas gracias."*
5. Si para tu pareja es importante, un beso y un abrazo redondean la escena.

¿Importaciones o contrabando?

Algo no poco común son las personas que "meten ruido" en tu relación con comentarios del tipo: *"No te dejes"*, *"Dile que haga algo"*, *"Esta relación no se ve pareja"*, *"Que le cueste"*, *"Yo creo que ya te tomó la medida"* y otros de la misma naturaleza.

Es verdad que a veces ciertos comentarios de amigos pueden "abrirnos los ojos", pero sólo Ustedes saben qué les funciona y con qué están bien, siempre que efectivamente ambos estén bien y el desbalance de porcentajes no sea unilateral.

Cada pareja funciona de distinta manera, así que la importación de fórmulas y modelos ajenos, aun tomados de la feliz relación de tus padres, serían más bien una especie de contrabando o competencia desleal. A lo sumo te orientarán, pero en general no es buena idea imitar. Ni tú ni tu pareja pueden competir con realidades fantaseadas, no suyas; la materia prima para forjar su relación son Ustedes y entre Ustedes desarrollar modelos propios de convivencia y su propia aritmética del amor.

Invertir en tu relación

Invertir un peso te dará rendimientos "de a peso". Invertir más te aportará mejores dividendos. La pregunta es: ¿para qué les alcanza y cuánto están dispuestos a invertir en su relación? Hay quien, por temor a sufrir o ser lastimado, guarda gran parte de su capital bajo el colchón de su corazón. Tenerlo ahí puede ser muy seguro, pero no esperes una relación muy rendidora ni grandes inversiones de parte de tu pareja cuando tú mantienes la relación con escases. Hay quien siente que está de suerte y entonces no invierte, sino que apuesta todo su capital en "casas de juego" al 2 de corazones rojos. Es verdad, un jugador temporalmente puede salirse con la suya y duplicar su capital amoroso con una relación paralela; sin embargo, es sencillo engolosinarse con ganancias fáciles, seguir apostando, hasta que tarde o temprano la "suerte" le dará la espalda y perderá ganancias y capital.

Hay también personas que no reunen capital suficiente a lo largo de su vida y entonces, aunque tengan muchas ganas de invertir, no les alcanzará para ofrecer algo de valor. Me refiero a quienes fueron dañadas, su historia de vida les arrebató la posibilidad de amar y sentirse amados o fueron defraudados en relaciones anteriores y les robaron hasta el último centavo del corazón. Personas resentidas, temerosas, que más que una pareja necesitan ayuda profesional. Más que invertir necesitan capitalizarse y remendar el agujero en los bolsillos del corazón por donde todo se les escapa.

Por eso es importante no dar sin recibir; no apostar a ciegas, por emocionante que te parezca el juego del amor y asegurarte de que el otro tenga con qué hacer crecer una relación. Quizá mientras lees estas líneas piensas: *"Rayos, haberlo pensado antes; yo ya he invertido mucho y mi banco emocional está vacío..."* Si es tu caso, quizá te convenga asumir las pérdidas y no seguir invirtiendo más ahí. Un error es seguir invirtiendo con el afán de recuperar lo perdido; uno no quiere irse con las manos vacías, eso es verdad, pero estoy seguro de que menos querrías irte con deudas que nunca pagarás.

Es muy importante que la relación sea construida entre ambos, pues aunque tengan o vayan a tener hijos, Ustedes acabarán viviendo el uno con el otro. Por eso cada momento compartido será un momento de inversión que les retornará con creces historias conjuntas, recuerdos comunes, de esos que las parejas jóvenes aún no tienen, pero son capaces de forjar con constancia. Se nos dice que del ahorro lo que importa es la constancia y concuerdo con ello, pues así se forman los capitales más plenos y satisfactorios en el amor y en las relaciones de pareja.

Quien sabe un poco de finanzas no ignora que el secreto está en diversificar las inversiones. Entonces armas el portafolio de tu relación con diversos instrumentos de alto rendimiento comprobado, pero con un nivel de riesgo razonable. Atenciones, amor, calidez, escucha, flexibilidad, paciencia, honestidad, romance, intimidad, compromiso, confianza, voluntad, alegría y presencia son sin duda algunas acciones que darán alto valor a su relación.

¿Qué vimos en este capítulo?

- La aritmética del amor sigue una lógica distinta a la aritmética convencional, construyan sus propias reglas.
- Dar es tan importante como saber recibir. Conociendo a tu pareja sabrás sus necesidades y causarás un mayor impacto positivo, pero recibir con gratitud, basándote en la intención, es una fórmula que ayudará a la reciprocidad.
- Procura agradecer a tu pareja su intención y esfuerzo, más que los resultados, y luego busquen afinar juntos su "puntería".
- Busquen ser equitativos para lograr igualdad en la relación.
- Eviten el contrabando en su relación con fórmulas de éxito de otras parejas. Lo que a otros funciona no tiene que ser así para todos. Incluso lo que leen en este libro es sólo una guía, no los mandamientos de la buena pareja.
- Invertir en tu relación es como hacerlo en una casa o en una buena educación. Al final, el beneficiado eres tú. Cuando inviertes en tu relación, realmente inviertes en ti.

Ejercicio sugerido

1. Jueguen a "lo que me encanta".

   a. Haga cada uno, sin que el otro vea, una lista de las 10 cosas que más les gusta hacer, recibir o que su pareja haga para Ustedes. (Ejemplos: que me regales flores, ir al cine, una cena romántica, ir a bailar, que me ayudes con los trastes, etcétera.)

   b. Luego, cada uno numere del 1 al 10, en orden de importancia, cuáles cosas que hacen o comparten les transmite que su pareja les ama o son importantes para ella.

   c. Ahora transcriban en papelitos o tarjetas las 10 cosas o actividades de su lista. No anoten el orden de importancia, sólo las actividades.

   d. Intercambien papelitos.

   e. Ahora cada uno acomodará cada papelito en el orden de importancia que tiene cada cosa o actividad para su pareja.

   f. Al final, comparen resultados con las listas de cada uno. No suman puntos individuales, sino a la relación. Cada acierto suma dos puntos, los errores no suman.

   g. Resultados:
      - 36 a 40 puntos: Excelente
      - 30 a 34 puntos: Bien
      - 24 a 28 puntos: Regular
      - 16 a 22 puntos: Bajo
      - 20 o menos: Necesitan fortalecer la intimidad para ser más recíprocos; conocer mejor qué le encanta a su pareja.

h. Ahora comenten juntos acerca de:
- Por qué es importante para cada uno las cosas o actividades que anotó. Qué significado obtiene o cómo le hace sentir cada una (amado, comprendido, escuchado, importante, etcétera).
- Por qué las clasificó en ese orden de importancia.

i. Recuerden: es un juego para conocer mejor lo que a cada uno le gusta más, no una oportunidad para discutir sobre otra cosa.

CAPÍTULO 4

El poder en la relación

El diccionario de la lengua española define "poder", coloquialmente hablando, como "tener más fuerza que alguien, vencerlo luchando cuerpo a cuerpo". Etimológicamente la palabra viene de la raíz *poti* que significa "amo o dueño". Así, parece que el poder lo tendría quien tiene más fuerza y acabará siendo el amo. Concuerdo entonces en que en la pareja habrá un poder único y absoluto. La cuestión es quién y cómo se ejercerá ese poder.

Escuchamos con frecuencia acerca de la famosa "lucha de poderes" ejercida en una relación. Se dice que quien tiene más necesidad es quien cede el poder, y que quien tiene más formas de presionar o chantajear al otro, acabará por tenerlo. Refranes como "el que paga manda", "donde manda capitán, no gobierna marinero" o "el hilo se rompe por lo más delgado", atañen a poder y debilidad, muchas veces incluso a jerarquías. La cuestión es que parece que quien más necesita es quien cede más y si de esto se da cuenta el otro, aprovechará esta condición para sacar ventaja de ello.

Estilos de relacionarse respecto al poder

Existen muchas formas de detentar el poder en una relación y de presionar al otro para obtener lo que se quiere. Dinero, amor, aprobación, sexo, el cariño de los hijos y, en casos extremos, fuerza física, manipulación, chantajes y coerción. Cada miembro de la pareja tiene diferentes necesidades, intereses, habilidades y talentos, así que cada uno demuestra al otro de lo que es capaz y ejerce influencia en la pareja, de una forma u otra, para obtener lo que desea.

Las relaciones humanas pueden ser simétricas o complementarias. Veamos a continuación cada una:

Relaciones simétricas

Podríamos definirlas de igualdad y diferencia mínima. Es el tipo de relación donde no hay una figura de autoridad y las partes se relacionan desde la reciprocidad, pues el poder está balanceado entre ambos. Un ejemplo de este tipo de relación se da entre amigos o debería darse en una relación de pareja.

Relaciones complementarias

Se caracterizan por la existencia de jerarquías interdependientes, donde cada miembro cumple una función distinta desde un binomio "autoridad-subordinado": la relación padre-hijo, jefe-empleado, profesor-alumno.

¿Cuál es la mejor para una pareja?

Definitivamente no hay un estilo bueno o malo. Son distintos y necesarios dentro de una interacción entre dos. Por ejemplo, en el caso de la pareja, como he dicho, lo mejor es que la mayor parte del tiempo actúen de manera simétrica, balanceando el poder según convenga (decisiones, acuerdos, estilo de crianza de los hijos, etcétera). Pero a veces podrían jugar roles complementarios de manera sana, como cuando uno enseña al otro algo o le cede el manejo de una situación para la que le reconoce mayor habilidad. No obstante, este último supuesto, el de la relación complementaria, debe ejecutarse por consenso o acuerdo, implícito o explícito, y nunca por imposición dentro de la interacción. Sería muy extraño, y nada sano, una relación de pareja donde se asentara que "uno manda y el otro obedece".

¿Entonces por qué surgen conflictos?

Es una buena pregunta si presuponemos que las relaciones se cimentan en la igualdad. Lamentablemente ésta tiene un balance muy delicado y hasta frágil. La madurez, una sólida autoestima y la flexibilidad de ambos son un ingrediente indispensable para sostener este equilibrio. En las relaciones complementarias puede existir rebelión, desobediencia, golpe de estado o revolución para derrocar una autoridad abusiva, corrupta o incumplida. En las relaciones simétricas no hay tal cosa, pues no hay autoridad a la que "rebelarse". Cuando las cosas no marchan es porque en ellas ocurre la competencia. Exactamente como competidores en una carrera o un concurso: ambos desean exhibir sus atributos y talentos para demostrar su valía. Entonces la relación se desbalancea.

Ganar, tener la razón, demostrar más inteligencia, asertividad, control, fuerza, oportunidad o perspicacia, buscan este reconocimiento del otro. Y esto no siempre se consigue mediante talentos o habilidades propias, se complementan señalando al otro errores y defectos, reales o inventados, para obtener una posición distintiva. Es como si, volviendo al ejemplo de los pavo reales, el macho no sólo mostrara su colorido plumaje a la hembra, sino además le hiciera ver que el de ella es grisáceo, sin vida y para colmo no lo sabe lucir.

He preparado una pequeña historia para ser más ilustrativo:

Esta historia ocurrió en un reino no tan lejano en un tiempo no tan lejano. Ahí reinaban un Rey y una Reina. En realidad no había tantos súbditos a los cuales gobernar y los reinos vecinos tenían sus propios problemas, así que en general su tiempo se centraba en asuntos internos de palacio y una que otra relación diplomática con otros monarcas.

En otros reinos, por alguna tradición añeja, el Rey tenía más jerarquía que la Reina. En algunos más, la Reina había heredado el poder, así que el Rey tenía un papel más de consorte en asuntos de gobierno. Pero en el reino de nuestra historia, ambos monarcas habían acordado ejercer el poder de manera simétrica; es decir, tenían igual autoridad y poderes. Cada uno tenía talentos distintos y así lograban balancearse.

Por ejemplo, la Reina tenía una hermosa voz, una capacidad extraordinaria para cultivar el huerto y hortaliza reales, amén de que sus conversaciones estaban llenas de hermosos relatos y divertidos episodios que amenizaban las tardes. El Rey, por su parte, tenía gran fuerza física, habilidad para comerciar ventajosamente con otros reinos y organizar hermosos viajes para la pareja.

El Rey disfrutaba enormemente del canto de su Reina, que amenizaba sus tardes en palacio. Gozaba con ver los jardines hermosos, se deleitaba con el aroma de las flores y el sabor de lo que el bien cuidado huerto producía. Las historias de la Reina estimulaban su imaginación y tenía sueños hermosos que lo hacían pensar a qué lugar podrían ir en un siguiente viaje, y que se asemejara a lo que su Reina en la historia le había contado. Ella, por su parte, se sentía segura y protegida por la fuerza de su esposo, admiraba sus habilidades en el comercio, de las que el reino se beneficiaba, y gozaba con su anticipación para pensar a dónde podría ser el siguiente viaje que su amado Rey planearía para ambos.

Todo era perfecto, pero un día que el Rey salió a comerciar, llegó un grupo de emisarios del reino vecino. Dijeron que tuvieron una inundación y había problemas con la cosecha; requerían comprar algunos productos de la hortaliza del reino. La Reina pensó: "Qué bien, venderé estos productos a buen precio y mi Rey estará orgulloso de mí cuando vuelva y se entere". La Reina obtuvo un muy ventajoso trato por las hortalizas, quizá el mejor en mucho tiempo.

Al volver el Rey, su esposa le contó lo ocurrido y le presumió el productivo negocio que había hecho. Él, que en su infancia tuvo algunos problemas de competencia por el cariño de sus padres, sintió que la esposa estaba "invadiendo su territorio". Inconscientemente sentía que, si ella era capaz de hacer tan buenos negocios, ya no admiraría en él esa habilidad y lo apreciaría y amaría menos. Al ser esta molestia inconsciente, y al sentir amenazado su lugar en la relación, el Rey empezó a ser víctima de sus emociones y pensamientos y no sentía la posibilidad de conversar de esto con la Reina; entonces, lejos de mostrar alegría por lo que su pareja había hecho, dijo: "¡Qué barbaridad!, ¿Cómo se te ocurrió venderles a los del reino vecino? Son gente muy mañosa y todo pudo ser una trampa para espiar". La reina respondió: "Me aseguré que vinieran desarmados, además estaban aquí los mastines cuidándome, amado esposo". El rey replicó: "Como sea, además no creo que haya sido tan buen trato... es verdad que vendiste la mercancía en 400 monedas, cuando normalmente hubieran pagado 200, pero dadas las circunstancias, yo mínimo les hubiera podido cobrar 800 monedas... creo que te precipitaste, mujer". La Reina, ya un poco molesta e impaciente, contestó: "Pues sí, pero tú no estabas y esto era cosa de decidir. Al final fue una venta extra y es lo que importa". "Pienso que en realidad lo que importa" vociferó el rey ya visiblemente desencajado, "es que me parece que sobrepasas mi autoridad al no consultarme". "¿Tu autoridad? Creí que yo también tenía autoridad para decidir que sobre las cuestiones del reino", clamó la Reina. "Ah, ¿entonces la cuestión es demostrarme que tú mandas?", gritó el Rey. "Yo no quiero demostrarte nada, yo sólo quise hacer un buen negocio y punto", espetó la Reina. "Pues ya ves, ni buen negocio ni nada conseguiste, creo que bien harías con quedarte cantando tus cancioncillas y no meterte en los asuntos financieros, que de ésos no sabes nada", reviró el Rey. "Bien, si tan mal te parece lo que hago, entonces olvídate de que vuelva a ayudarte y mucho menos a cantarte una canción", gimió la Reina ya con llanto en los ojos. "Bien", dijo el Rey, "así le ahorrarás sufrimiento a mis oídos y puede que hasta sepan más dulces los frutos del huerto, pues últimamente tenían un regusto amargo y ahora entiendo por qué... Ah, y por cierto, el viaje de la próxima semana no será posible, tengo asuntos que arreglar". "Cómo te dé la gana, no me importa, ahora me voy a dormir y quisiera hacerlo sola, como siempre me he sentido, así que dile a los criados dónde quieres que te tiendan tu cama, porque yo desde este momento ya no estoy a tu servicio y menos te dirigiré la palabra", concluyó la Reina antes de azotar la puerta de la cámara real.

Ni los frutos del huerto eran amargos y a la Reina sí le importaba lo que el Rey hiciera. Se dicen cosas que no se sienten cuando se llega a un clímax en que los argumentos para "ganar" se han agotado.

Esto se conoce como "Escalada simétrica": uno gana con un argumento sólo el tiempo suficiente para que el otro prepare el suyo y busque derrotarlo y, cuando lo logra, el ciclo se repite. Si la escalada no se detiene en algún punto, la relación se colapsa y el daño es evidente. Como he dicho, lo que sostiene la escalada es la competencia, pero ¿qué se espera ganar con ella? ¿Demostrar qué, a quién y para qué? Y si alguien "gana", ¿qué pasa con el que "pierde"? Supongo que no se ha de quedar feliz, ni de brazos cruzados y esperará la primera oportunidad para la revancha. Surge entonces una figura antes desconocida en la relación: la rivalidad, y con ella, el uso de la fuerza.

En toda batalla suele haber armas. Quizá todo empezó con piedras y palos, luego los duelos se llevaban a cabo con espada o pistola. Así hasta las armas de destrucción masiva y armas químicas. La cosa es acabar con el enemigo o rendirlo.

Sin embargo, las "armas" de las que se disponen en las luchas de poder en la pareja son sutiles, sofisticadas, pero altamente destructivas. De lo que se trata en estas batallas es de lastimar algo muy apreciado o necesario para el otro, para sitiarlo y rendirlo. Entre las armas más efectivas acotadas en el "Museo de las atrocidades del amor" hay las que apuntan al corazón de la pareja; es decir, a sus emociones. A la cabeza; es decir, a la mente y las que lo hacen al alma; es decir, a la autoestima.

Desprecio, insultos, silencio y chantaje son algunas de ellas y causan profundas lesiones. Incluso dedico el siguiente capítulo a hablar de ellas como parte de la historia más oscura de una relación.

¿Por qué surge la rivalidad?

En general hay dos grandes motivos de rivalidad en una pareja y, por extraño que suene, se vinculan a condiciones positivas; me refiero a la influencia y a la necesidad de ser amado. Me explico:

Cada persona aprende distintas maneras de hacer las cosas, resolver los problemas y hasta de diversión. Incluso desarrollamos gustos distintos por comida, lugares, tipo de ropa e incluso climas. Cada uno se convence de que actúa de manera correcta, la que mejores resultados da. Cuando se trata de relaciones ocasionales que no involucren emociones profundas como el amor, somos capaces de adaptarnos bastante bien a formas distintas. Esto es fácilmente observable en un viaje o cuando nos invitan a cenar. ¿Pero qué sucede en la convivencia de pareja? La adaptación durante la época del cortejo cede paso a nuestros propios hábitos y costumbres, los llamados "correctos". Entonces, como queremos convivir de manera "correcta" y que nuestra pareja haga lo "correcto", pues así la armonía reinará en el hogar; ejercemos cierta presión, primero con comentarios "inocentes"; luego, con peticiones más directas y, finalmente, con críticas abiertas y hostiles cuando nuestra pareja se resiste a adoptar nuestras formas. ¿Pero por qué se resiste la pareja a lo que es "correcto"? Bueno, porque ella también cree que sus modos son adecuados y desea que todo fluya a su manera.

Vemos en este primer caso cómo la intención es buena. Un ejemplo en la pareja o en cualquier relación surge cuando un alimento o bebida nos gusta mucho. Tomemos por ejemplo el mezcal. Como nos gusta y lo disfrutamos, queremos que otros lo prueben y disfruten, especialmente quienes amamos; la intención es compartir lo "bueno". Entonces ofrecemos a la persona en cuestión la bebida:

— *Ándale, échate un mezcalito, está muy bueno...*
— *No, gracias, no me gusta.*
— *¿Cómo que no te gusta? Ándale, éste no lo has probado, toma tantito del mío para que lo pruebes.*
— *No, de verdad muchas gracias. No me gusta el mezcal.*
— *¿Por qué no te gusta?*
— *No sé... su sabor... me sabe feo.*

—¿Cómo que te sabe feo? Es la mejor bebida y además no tiene tanto químico como esos venenos que te venden a precio de oro. ¿Entonces qué vas a tomar?

— Yo creo que un ron.

—¿Cómo un ron? ¿Cómo un ron? ¿Qué te pasa?

— Bueno, déjame, a mí me gusta el ron.

—No, pues me queda claro que a alguien como tú le debe gustar el ron. ¿Sabes qué?, ése es el problema contigo. A tu papá nunca lo sacabas de su ron de quinta y ahora tú crees que es la bebida del siglo. Esa actitud la tienes con muchas cosas y así no vas a avanzar en la vida. Hay que atreverse, cambiar, probar lo bueno y no estancarse. Ultimadamente, si no sabes tomar mejor pídete una coca o algo así, pero un ron, ¡por favor!

Observamos la típica actitud en la lucha de poder. Primero invitar, pero al no recibir respuesta positiva, se manifiesta la superioridad mediante la "sabiduría" o el "buen gusto" en un tema; y como eso no funciona, sigue el ataque al gusto del otro para demostrar que se tiene razón. Aun así, la intención primaria era convidar a la pareja algo bueno o sabroso. La intención era buena; influir en la pareja para "refinar" sus gustos, pero el método no fue el más afortunado.

La segunda razón es la necesidad de ser amados. Si reunimos ciertos atributos que nos hagan admirables y valiosos a los ojos de nuestra pareja, seguramente nos apreciará más y no querrá irse de nuestro lado porque representamos algo importante y digno de conservar. ¿De qué manera lograríamos esto? Ejecutando actos que a los ojos de nuestra pareja sean dignos de admiración o despierten su amor, ¿no es verdad?

Lo vimos un poco en el caso de la historia de la pareja de reyes donde la Reina quiso impresionar a su marido con el buen negocio hecho. Y tan lo hizo, que el Rey se sintió atacado y amenazado en lo que él sabía hacer y la Reina le admiraba. Su inmadurez le hizo temer que si las cosas se iban por ese camino, muy pronto la reina dejaría de valorarlo, admirarlo y, por lo tanto, amarlo.

Se busca entonces reposicionarse a los ojos de la pareja y también en este caso nuestros métodos no suelen ser los mejores.

¿Entonces toda rivalidad tiene un trasfondo sano?

No necesariamente, pero quizá eso ya no se llame rivalidad. Cuando una sola parte presiona o agrede a la otra no podemos hablar de lucha de poder, sino de una situación de abuso. La rivalidad requiere dos, en igualdad de circunstancias, que compitan por algo. Por ejemplo, un nadador puede rivalizar con otro por una medalla, pero nunca diríamos que un general rivaliza con un soldado; en este caso sabemos quién tiene el mando pues la relación no es simétrica. Entonces, si uno se violenta o presiona seguramente la relación no se da en términos de igualdad.

Es muy importante la complicidad que existiría con este agresor, pues él pretende gobernar, tener el poder o manipular a la pareja; pero la pareja permite estas conductas y colabora a que esta condición se mantenga. En las relaciones de pareja es imposible la violencia o las conductas dominantes y de haberlas, el resultado no llevaría el nombre de "relación de pareja".

Se convertiría en una relación enferma, quizá codependiente, pero nunca de pareja.

En este caso quizá una terapia conjunta no sea la mejor solución. La víctima de las agresiones debe buscar ayuda y ponerse a salvo de inmediato, pues es muy poco probable que al agresor reconozca el daño que hace y, en consecuencia, es prácticamente imposible que busque ayuda para sí, aunque pueda jurar arrepentimiento en los momentos de agredir y se entra a un periodo de relativa calma, que desafortunadamente no dura.

El péndulo

En las relaciones visualizamos un movimiento pendular entre la cooperación y la competencia. Normalmente, colaboramos cuando el péndulo está dentro de la relación y competimos con extraños fuera de ella. Cuando surge la rivalidad, parece invertirse la polaridad y tratamos a la pareja como el enemigo a vencer y a cualquier extraño como alido potencial; ahora la polaridad marca que se compite hacia dentro de la relación y se colabora hacia fuera. Se convierte uno en el famoso "candil de la calle y oscuridad de la casa".

El gran absurdo en todo esto es dejar de pedir la cooperación de la pareja e implícitamente se le exige sumisión y reconocimiento de nuestro poder, con la finalidad de que coopere con nosotros, pues hemos "demostrado" nuestra sabiduría y entonces "lo más sabio" es hacernos caso. ¿Pero cómo pedirle a alguien a quien me he empeñado en demostrarle que no sabe nada, que tenga la sabiduría para reconocer mi grandeza? Si nuestra pareja "derrotada" "reconociera" nuestro "poder", no sería tan grande, pues es reconocido por alguien débil. ¿No sería mejor ser reconocido por otro "poderoso"; por alguien con mi misma jerarquía?

Los bandos

Otra desafortunada consecuencia de las luchas de poder se da cuando uno o ambos organizan bandos. Sean hijos, familiares, amigos y hasta desconocidos cuando el "campo de batalla" se extiende a lugares públicos. Una estratagema común es poner a otros de testigos de los malos modos o fallas de la pareja, para que vean que "tenemos razón no sólo porque lo digamos, sino porque hay testigos imparciales que han observado sus atrocidades". También se busca sesgar la opinión de otros con arquitecturas lingüísticas tendenciosas como el famoso *"verdad que..."*; o se cuentan historias fragmentadas, distorsionadas sólo con nuestra versión de las cosas, plagada de juicios, sesgos y tendencias que apuntan a nuestro favor. La cosa es acabar siendo los "buenos" del cuento.

Esto pone en aprietos a más de uno pues, por ejemplo en el caso de los hijos, dar la razón a uno de los padres implica dar la espalda al otro. Para los amigos, la situación no es muy distinta. Las familias suelen defender al "suyo", pero no en pocas ocasiones la alianza se hace con el pariente político, pues la ocasión sirve para tomar revancha del hermano o hermana que "nos la debe" y qué mejor forma de hacerle "pagar" que tomar partido por su pareja.

Si ya de por sí es muy dañino entablar una guerra entre Ustedes, no cuesta trabajo visualizar el poder destructor que se multiplica involucrando a otros y colocándoles en la postura de *"estás conmigo o contra mí"*.

Diferencias inevitables

Aun dentro de una relación simétrica son inevitables las diferencias en opiniones, gustos o ideas. De hecho éstas pueden enriquecer la relación, si se aprovechan, pues nos ofrecen puntos de vista frescos o distintos que solucionan problemas o permiten el cambio de paradigmas y patrones disfuncionales. Por supuesto, el proceso de exposición y toma de acuerdos sobre ideas y puntos de vista de cada uno requiere conversaciones e incluso discusiones. La cuestión aquí es que cada uno sea consciente de qué espera que suceda y cómo debería llevarse y terminar una discusión de pareja. Si creen que una discusión implica ganar, que alguien debe tener razón o que el final inevitable es terminar disgustados, será muy probable que de manera inconsciente actúen en tal sentido. De igual manera si eres de las personas que toman los comentarios como críticas, las críticas como ataques o siempre quieres tener la razón, una conversación de acuerdos terminará en guerra campal.

Las discusiones en pareja deberían ser espacios sagrados donde la descalificación, la ofensa o el desprecio no tuvieran cabida. Discutir no es competir o "derrotar" o demostrar "inteligencia o sagacidad" a la pareja. Sí debates intelectuales llenos de propuestas y búsqueda de soluciones con apertura no sólo al diálogo, sino al aprendizaje e influencia recíprocos. Lo he dicho y lo repito: las diferencias entre Ustedes son inevitables y surgen de manera cotidiana. La manera de resolverlas requiere un poco de ciencia y mucho de arte para que sean agentes de cambio y no de destrucción.

¡Se me acaba el poder!

Uno de los problemas con la conceptualización del poder es considerarlo como algo limitado y no renovable. Siempre han existido símbolos del poder representados por tronos, coronas, cetros, espadas o insignias. Quien poseía el símbolo del poder lo tenía y dos personas no podían compartirlo. El problema con la representación del poder a partir de estos objetos es la idea: "o lo tienes tú o lo tengo yo". No es casualidad entonces que sea algo doblemente apreciado; primero, por lo que consigue y representa y, segundo, por supuesta escasez.

Quizá eso pase hoy con el poder económico y el dinero; parece el nuevo cetro y desafortunado símbolo del poder en no pocas parejas. Si sustentas tu poder dentro de la relación ruega te dure para siempre, pues no quiero pensar qué ocurriría si lo pierdes tras tiranizar a tu pareja con él.

Por supuesto, se habrán hecho una idea de los errores y aciertos en su manejo y balance. Entonces necesitamos entender la naturaleza ilimitada y renovable del poder. Si lo vemos como es, como algo que no se agota, que ambos podemos compartir y en flujo continuo y permanente, nuestra sed por tenerlo y angustia por perderlo se reducen.

El poder no antecede a la relación, surge a partir de ella. Podríamos decir que es una propiedad emergente en la relación de pareja. Antes éramos cada uno y hoy somos dos aportando nuestras fuerzas a una sola relación. Entonces mientras ambos sigamos colaborando y sumando energías en una misma dirección, nuestro poder no se acabará o neutralizará, siempre fluirá. Ninguno puede quitarlo al otro, porque al hacerlo la aritmética del amor anula el flujo y todos pierden.

Si pensamos en la modalidad complementaria de la relación, con jerarquías convenidas por convenir a ambos, pensaríamos que uno cede el poder al otro y aunque superficialmente pudiera parecerlo así, como cuando uno de Ustedes enferma o se ausenta, la realidad es que sólo se otorga el ejercicio del poder pero no se cede, pues en la relación es intransferible (por no haber objeto que transferir) e irrenunciable (pues cada uno lo genera).

Cuando ganar es perder

Normalmente en cualquier competencia el que suma más puntos o tantos gana, pero si recordamos la aritmética del amor, comprendemos que en una relación de pareja las cosas son distintas. Por ejemplo, un marcador donde uno "anote" 1 y el otro 0, daría la victoria al primero y todos los puntos en disputa. Pero en la aritmética del amor ese resultado es cero puntos para ambos. Aspirar a un empate tampoco daría tanta ganancia. Aquí la única forma de ganar puntos es que el marcador sea favorable para ambos; es decir, jugar en el mismo equipo, como normalmente debería ser en una relación. Si ambos no ganan, los dos pierden y la victoria se convierte en algo "placentero" para el "ganador", pero muy amargo a largo plazo, pues el desamor y el resentimiento se acumulan en el "perdedor", de manera lenta pero consistente.

Es necesario no conceptualizar la relación de pareja como campo de batalla, pues con esa desafortunada metáfora sólo resta encontrar al enemigo a vencer y luchar por los territorios a conquistar.

Piensen en esto: en el día a día se acondicionan espacios compartidos, lugares donde viven y conviven. Preparar el piso para que el otro resbale o rociar la cama con espinas, te hará sufrir también a ti, pues transitas los mismos espacios y duermes en la misma cama. El mal no reconoce fronteras y si envenenas el agua del tinaco, deberás tener muy buena memoria la próxima vez que tengas sed.

Sacar al enemigo de casa

En alguna ocasión escuché este proverbio oriental: "Si no tienes enemigo afuera, invéntatelo". Podría aplicarse a la lucha de poder entre la pareja. Si hay rivalidad, que no sea entre Ustedes. Si hay enemigo a vencer o alguien a quien ganarle, que sea común para ambos. Nunca el enemigo en casa; es decir, dentro de su relación.

Compitan para crecer juntos, evitar influencias externas, la monotonía o el conformismo. Únanse a una causa ambiental, de defensa de los animales o hagan una fundación para combatir las injusticias de la vida. Lo que sea necesario que los haga mirar hacia el mismo lado, apuntar su energía en la misma dirección y que Ustedes estén a salvo de este lado.

Bueno, si tuviera que recomendarles algo absurdo y desesperado les diría: odien al vecino, combatan a su tía, maldigan al cigarro pero lo que hagan háganlo juntos, lo repito: siempre en la misma dirección.

Un nuevo poder

Sé que me he referido al poder como una entidad sabiendo que es algo abstracto. Estoy consciente de haber dicho que emerge de la relación entre ambos, ¿pero de dónde viene, qué lo genera? En definitiva, su origen está en la fuerza de las emociones, de ahí su naturaleza inagotable e intransferible. En principio las emociones son el ingrediente primordial en toda relación sana, el motivo inicial para acercarnos y estar juntos. De hecho, la palabra emoción, etimológicamente hablando, significa "el impulso que mueve a la acción". Sin las emociones no actuaríamos, sentiríamos ni arriesgaríamos, pero tampoco cuidaríamos, compartiríamos o disfrutaríamos.

Redefinamos entonces el poder dentro de una relación. Lo concibo como la fuerza necesaria que generan dos personas para alcanzar metas comunes y realizar la voluntad de ambos dentro de un sistema llamado relación de pareja.

El poder en la pareja es necesario para fortalecerla ante la adversidad, hacerla crecer en momentos prósperos y cohesionarla ante amenazas externas. Considero que en una pareja todo lo que no fortalece, debilita. Deberíamos hacernos estas pregunta ante los conflictos: ¿Lo que sucede entre nosotros nos hace crecer o nos reduce? ¿Aumenta la esperanza de estar juntos o la desvanece? ¿Lo que hago me acerca o aleja de mi pareja? ¿Gano su respeto y su amor o me arriesgo a perderlo?

Al principio de este capítulo dije: *"Concuerdo totalmente que en la pareja debe haber un poder único y absoluto. La cuestión es quién y cómo se ejercerá ese poder"*. La respuesta está dada. ¿Quién? Ambos. ¿Cómo? En la misma dirección; desde el mismo bando, en el mismo equipo.

¿Qué vimos en este capítulo?

- Las relaciones pueden darse de manera simétrica (igualdad) o complementaria (jerarquizadas). En la relación de pareja debe predominar el primer estilo, pues no habrá jefes y subordinados.
- Los problemas surgen cuando comienza una rivalidad por el poder, el cual se ejerce para influir en la pareja hacia algo que consideramos bueno o ganar su admiración y respeto, aunque los métodos empleados causan el efecto contrario.
- La violencia y el sometimiento unilateral no se llama rivalidad, sino abuso del poder y es inaceptable en una relación de pareja sana.
- El poder no es algo limitado en manos de uno solo a la vez. El poder se genera a partir de la fuerza de ambos; sin actuar de común acuerdo, el poder se transforma en agresión.
- En el poder dentro de la relación también aplica la aritmética del amor. Si no ganan ambos, los dos pierden. Si gana uno y el otro pierde, ambos pierden. Sólo ganando ambos la relación ganará.

- Es necesario aliarnos con nuestra pareja y sacar al enemigo de nuestra relación. Somos dos personas en el mismo bando y seremos dos contra el mundo, pero nunca uno contra el otro.
- El poder surge a partir de la misma relación y se fundamenta en la fuerza de las emociones que ambos inviertan. El poder sólo funciona cuando los dos lo ejercen.

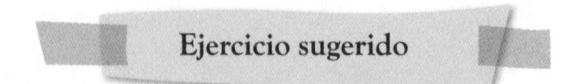

Ejercicio sugerido

Sería muy interesante observar de qué manera buscan obtener el poder y cómo funciona la escalada simétrica de la que hablé. Observen el siguiente ejercicio y hágalo cada uno por separado.

Piensa en lo que haces habitualmente cuando necesitas algo de tu pareja. Piensa en los momentos en que se lo pides y no encuentras la respuesta deseada ¿qué haces a continuación? Anota en cada línea lo que sueles hacer; busca llenar las seis líneas con algo diferente en cada una:

Cuando necesito algo de mi pareja, lo que hago primero es:

1. _____

Si no obtengo respuesta, entonces hago esto:

2. _____

Y si aún no, entonces:

3. _____

> Y si todavía no, entonces:
>
> 4. _____
> _____
>
> Y si aún así no, entonces:
>
> 5. _____
> _____
>
> Y si aún así no, entonces:
>
> 6. _____
> _____

Espera a que tu pareja termine y luego comparen.

La idea es saber si Ustedes observaron estas conductas en su pareja y si las relacionaron con un intento de tu pareja de ser escuchado/a. Por ejemplo: "No me había dado cuenta de que cuando me dejabas de hablar ya habías intentado cinco cosas antes"; "¿o sea que cuando azotas la puerta es porque ya llegaste a tu límite?" Comparen sus "estrategias" y conversen acerca de ellas.

Finalmente, háganse el propósito de no llegar nunca al 6 o establezcan el acuerdo de que, como ya identificaron conductas, cuando vean la número tres de cada uno, en ese momento se activen las alarmas y deben atender la petición o aclarar por qué no es posible cumplirla y ofrecer algo a cambio. De esta manera podrían detener la escalada simétrica antes de niveles más conflictivos.

CAPÍTULO 5

Hostilidad, agresión y otras armas que no ayudan

En el capítulo anterior hablamos de la lucha de poder dentro de una relación. Como mencioné, en toda lucha hay armas convertidas en palabras, acciones, actitudes, estratagemas y otras técnicas sofisticadas para que el otro se comporte como deseamos u obtener su amor y reconocimiento. Analicemos ahora algunas de esas armas para el ataque, la defensa y el contraataque. Por supuesto no esperemos, tras el uso de ningún método que implique hostilidad, que la paz y la confianza reine en una relación sana.

Métodos aprendidos

Una de las formas más simples y poderosas de aprender una conducta durante la infancia es a través de la observación. Aprendemos a hablar, caminar y comer observando cómo lo hacen otros. Aprendemos también ciertas reglas de cómo funciona el mundo y también que hay formas de resolver los conflictos y problemas que se nos presentan.

Estas observaciones se realizan, primordialmente, mediante las personas que nos rodean; es decir, con las que convivimos la mayor parte del tiempo: padres, hermanos, familia y más tarde amigos y conocidos. Por supuesto, no debe menospreciarse el papel de los medios masivos de comunicación, principalmente la televisión. Los niños imitan lo que ven y escuchan, pero no juzgan si es útil, bueno y aceptable o no. Basta que sea medianamente divertido. Claro, también cuenta a lo que por repetición estuvimos expuestos: formas de comer, hábitos de convivencia y modos de obtener lo que se desea.

Por ejemplo, pensemos en un bebé que su mamá lleva a una reunión de amigas. El bebé puede estar en su carriola, seguramente aburrido, y de pronto recuerda que por ahí hay un juguete que le divierte. Por cierto, los bebés tienen formas de comunicarse que para él son adecuadas; supongamos en este caso gritar y arrojar cosas al aire. El bebé de nuestro ejemplo cree que eso funcionará y entonces lo hace para pedir el juguete a su mamá, que no entiende lo que el niño quiere; como está muy ocupada en su conversación, lo ignora o lo mece un poco para ver si "se calma". El bebé piensa: "Esta mujer no me ha escuchado y encima me zangolotea", así que lo lógico es imprimir un poco más de energía en la petición. El bebé grita más y arroja más cosas al aire. Eso ya toma tintes de berrinche. La madre en cuestión se harta del asunto, le vocifera al niño un *"ay ya, ten y deja de llorar..."* El bebé ha obtenido lo que necesitaba, es verdad, pero lo crítico del asunto es lo que aprendió, que traducido al lenguaje adulto sería más o menos así: *"Ah, ya entiendo... esta mujer funciona a base de berrinches. Mi método anterior de gritar y arrojar cosas no funciona con ella, pero los berrinches sí; muy bien, lo anotaré en mi manual de procedimientos humanos para obtener lo que deseo..."*

Si esto se repite o se incrementa, al paso del tiempo el bebé aprende la dinámica berrinche-grito-regaño-obtención de lo deseado. De esta manera los berrinches estarán a la orden del día y gritar o responder de mal modo cuando alguien nos pida algo. Al final la "señora-mamá" así lo hace, entonces debe ser el método en estas tierras.

Algo de lo que carece el bebé para llegar a la conclusión de que su mamá es "neurótica" es la capacidad de análisis y juicio. Si se diera cuenta de ello, pensaría *"que rara es la señora-mamá"* y evitaría caer en su juego perverso. Lamentablemente los adultos son lo único que el bebé tiene a mano y de algún lado hay que aprender.

Seguimos creciendo y pasamos por la niñez y la adolescencia. Nuestros padres y otras relaciones han moldeado nuestra manera de relacionarnos y nos prepararon cuidadosamente para el momento de iniciar los escarceos del amor. Claro, tenemos un instructivo tan "preciso" que cuesta abandonarlo, pues aprendimos que es el adecuado y lógico, hasta que nos damos cuenta de que no es así.

Por ejemplo, estudios realizados en Estados Unidos de América revelan que cerca de 74 por ciento de hombres y 75 por ciento de mujeres en una relación sentimental, admitieron haber ejercido algún abuso psicológico sobre su pareja en el año anterior a la encuesta. Una cifra muy alta, aunque no tan sorprendente si se observan los motivos de consulta y las narraciones que se escuchan en un consultorio de psicoterapia en un día regular.

Ahora bien, no todos los que han vivido en climas familiares de hostilidad serán hostiles en la edad adulta. Es verdad que si encontramos un adulto agresivo podemos rastrear causas de esto en su infancia o niñez; no siempre es cierto aunque suele ser lo común. Por ejemplo, la perspectiva psicológica de la agresión en la pareja dice que además hay factores de personalidad del agresor y no necesariamente derivados de la interacción de pareja. Dependencia emocional, problemas de autoestima (¿recuerdan al rey de la historia?), inseguridad, escasas habilidades de comunicación y relación, enfermedades mentales, psicopatologías, consumo y/o abuso de sustancias prohibidas se relacionan con la agresividad. No quiero decir que distintos factores derivados de la relación no son detonantes, pero los factores individuales suelen ser de modo frecuente la causa.

Tipos de agresión

Un estudio realizado en la Universidad de Pensilvania por el doctor Michael P. Johnson establece dos tipos de violencia en la pareja. La tipifica de modo preponderante hacia las mujeres, pero dado el alto grado de abuso psicológico en ambos sexos, bien podríamos pensar en una extensión de algunas conductas recíprocas en este sentido. Recordemos, cuando se hace referencia a "violencia" hablamos de cualquier tipo y no sólo al abuso físico.

Violencia común de pareja: involucra brotes ocasionales de violencia, tanto de hombres como de mujeres, en el transcurso de una relación. Suele ser común, aunque no deseable.

Terrorismo patriarcal: abuso más peligroso y, como su nombre lo indica, usualmente la ejecuta el varón hacia la mujer. Es un tipo de violencia sistemática, continua y más severa que la primera.

Pero no menospreciemos el impacto que la violencia común tiene en sus formas más sutiles. Por ejemplo, un estudio realizado en la Universidad de Denver encuentra que fastidiar sistemáticamente a la pareja con pequeñas quejas y reclamos continuos erosionan el amor, propician un clima de infelicidad en la relación y conducen al divorcio.

El impacto en la relación

No omito las agresiones físicas como algo terrible y devastador para una relación e incluso para la integridad física del agredido. Sin embargo, no me centraré en ellas aquí por dos razones. Una, considero que se requiere todo un libro para tratar adecuadamente el tema y no es mi objetivo. Otra, porque puedo resumir mi recomendación al agredido: "Ponte a salvo, aun cuando eso implique alejarte del agresor y busca apoyo de personas de tu absoluta confianza; encuentra ayuda legal, médica y psicológica cuanto antes". Las agresiones físicas no suelen darse de manera aislada y la tarea es ponerse a salvo y al agresor donde corresponda. Asumir que se necesita ayuda cuando se cree que se ama a quien lastima a ese grado. Vamos, no es un tema ni un problema de relación de pareja y sí de dos patologías combinadas. La del agresor y la del agredido si es que soporta de manera recurrente los ataques.

No quiero minimizar con esto el impacto de otros tipos de agresiones en este capítulo, pero urge más combatir la agresión física por el peligro que implica para la vida en el corto plazo.

Dicho lo anterior, sabemos que las agresiones verbales se vinculan a problemas psicológicos y emocionales severos para quienes la soportan regularmente. Para el o los miembros agredidos de la pareja (esto puede ser recíproco) es muy alto el riesgo de sufrir estrés, ansiedad, depresión, desesperanza y desamparo. Adicionalmente, la violencia psicológica o el abuso verbal anticipan la violencia física. La agresión suele aumentar de grado, de ahí la importancia de no permitir bajo ninguna circunstancia ofensas, agresiones o abusos. Incluso abogo por una política de "cero tolerancia" en cuanto a ofensas o palabras altisonantes en una relación, ni siquiera de broma. Es una regla de oro que ayudaría mucho si se respeta. Es más eficaz cuando el acuerdo se hace en las etapas iniciales de la relación pues, si bien no es imposible revertir conductas disfuncionales más adelante, sí es más complicado por el hábito y el daño causado.

Por si fuera poco, además del daño individual que causan agresiones de todo tipo, se agrega el deterioro y eventual rompimiento de la relación. Quizá por eso las agresiones "menores" pero continuas suelen ser tan dañinas. Como una gota de agua que cae sistemáticamente horada incluso la roca, pequeñas agresiones constantes causan una explosión "inesperada" cuando un detonante "menor" acciona la chispa necesaria. La gota que derrama el vaso, podríamos decir.

Alquimia diabólica: Convertir pequeños errores en crímenes de guerra

Hay "agresiones" que no son agresiones. Muchas veces nosotros agregamos una dosis de maldad a lo que pudo haber sido una acción bien intencionada pero fallida. Errores inocentes se convierten en fallas terribles e imperdonables. Si a esto agregamos que las personas no interactuamos con la realidad, sino con lo que pensamos de la realidad, entonces se da el caldo de cultivo perfecto para iniciar una pelea donde no debió ocurrir.

Por ejemplo, personas demasiado sensibles a cualquier crítica, comentario o falla de su pareja responden de maneras agresivas. De igual manera sabemos que quienes tienen un exagerado apego a su imagen y estatus social son más propensas a este tipo de respuesta cuando malinterpretan errores o comentarios comunes como agresiones directas a su persona.

También el sistema de creencias personal incrementa la sensibilidad ante determinados hechos. Por ejemplo, la psicoanalista Karen Horney describió un fenómeno llamado "La tiranía de los deberías"; consiste en tres grandes creencias que, generalizadas en la relación, se vuelven detonantes de reacciones violentas:

- La gente debe respetarme en todo momento.
- Mi pareja debería estar siempre atenta a mis necesidades.
- Los demás deberían hacer lo que les pido.

No cuesta mucho imaginar cómo se desarrolla una relación de pareja cuando uno, o ambos miembros, interactúan bajo estas creencias. Cuando ocurra una "falla", y seguro la habrá dada la rigidez de estas exigencias, tendrá un tinte de maldad y agresión directa.

Ahora bien, ser menos sensible no implica soportarlo todo. Es otro de los grandes errores en una relación. Muchas veces nos resistimos al cambio porque debemos ser o hacer lo opuesto a lo que nos daba problemas. Es algo muy común en terapia con mis pacientes: *"Mario, entonces si ya no le puedo gritar a mi pareja me debo quedar callado/a con cualquier cosa que me haga o diga"* o *"¿Si mi pareja dice que soy muy desesperado/a significa que ahora todo me debe valer?"* Es claro cómo se pueden dar bandazos en este sentido. Bajo este esquema el cambio no se da, pues a nadie le gusta ser indiferente, o se prueba la nueva conducta polarizada, con el consecuente fracaso del intento, pues recordemos que lo opuesto a lo que nos causa un problema no necesariamente soluciona la situación.

Quiero ejemplificar lo dicho en este apartado del libro y para ello daré una receta procedente de algún imaginario libro de alquimia diabólica, el que contendría 1001 recetas para convertir una buena relación en un infierno. Por cierto, si buscaban en estas páginas alguna buena idea para empeorar su relación, presten mucha atención a lo que sigue.

Receta infalible para transformar a tu pareja en tu peor enemigo (aun sin su colaboración ni consentimiento)

Toma cualquier conducta de tu pareja que no te guste. Incluso algo menor, como no recoger sus platos de la mesa después del desayuno u olvidar algo que le pediste. Pon en tu mente la conducta elegida. ¿Ya? Muy bien. Ahora aplica la siguiente receta agregando un ingrediente cada vez:

Receta

1. **Agrega un kilo de Egocentrismo.** Normalmente el egocentrismo es bueno y nos permite apreciarnos a nosotros mismos, pero en porciones de 80 a 100 gramos. Tú ponle todo un kilo a esta receta y lo harás pensando: *"Mi pareja hizo esto deliberadamente para arruinarme la vida, me quiere molestar, estoy seguro/a que me odia..."*
2. **Incorpora una taza de Sensación de injusticia.** Ahora piensa algo como: *"Es injusto que me quiera molestar, yo no le he hecho nada malo, siempre que me pide ayuda yo estoy disponible, no entiendo por qué me trata así..."* Si no consigues la sensación de injusticia con facilidad, puedes remplazarla por varios cubitos de concentrado de: *"Esto es injusto, yo no lo merezco, yo soy una buena persona..."*
3. **Ponle 3 cucharadas copeteadas de Lectura de pensamiento.** Repite en tu mente: *"Seguro le valió; total,*

como yo nunca le reclamo nada, ya le gustó verme la cara de idiota y se ha de estar regodeando porque logró su cometido. Y luego me sale con su '¡Ay perdón!'; cree que con eso ya lo arregló todo. ¿Por qué piensa que soy tan estúpido/a?"

4. **Agrega una pizca de polvo de hornear y métalo al horno de la "focalización" a 200° por 15 o 20 minutos.** El polvo de hornear ayudará a que la ofensa se haga más grande y esponjosa, imposible no reconocerla. Una vez en el horno de la focalización, sólo piensa en lo que te hizo tu pareja. De vez en cuando abre la puerta del horno y remueve los ingredientes con la cuchara de los sucesos del pasado. Procura que al mover pienses en otras cosas negativas y terribles que tu pareja ha hecho, aunque no tengan nada que ver con esto. Este paso es importante para que la masa se haga firme.

5. **Sácalo del horno y sepáralo del molde con un suave movimiento de "villanización-victimización".** Repite en tu mente que tu pareja es la persona más ruin de la tierra, que tú eres la víctima de su maldad y ya "te agarró de puerquito". Puedes abreviar el proceso diciéndote varias veces: *"Él/Ella es el villano y yo soy su víctima".* Es muy importante que desmoldes mientras aún está todo muy caliente.

6. **Elimina cualquier residuo positivo del pasado.** Esto pensando que todo el tiempo juntos, cada vez que te dijo "te amo" y cada gesto de cariño de su parte fue

totalmente falso. Piensa que nunca te quiso de verdad. Si sientes difícil este paso, usa la espátula de la inflexibilidad para untar varios "nuncas, siempres y todos". *"Nunca me ha querido, siempre abusa de mí, todo este tiempo invertido para nada..."*

7. **Agrega deseos de venganza al gusto y listo.** Ahora verás a tu pareja como uno de tus peores enemigos y dedicarás tu vida entera a hacerle pagar sus crímenes atroces contra tu persona.

Si aplicas esta fórmula te garantizo que tu mente quedará prolongadamente secuestrada por tus distorsiones, que percibirás como descripción fiel de la realidad. Te volverás un ser paranoico y verás enemigos por todas partes. Tendrás el arte de hacer una tempestad en un vaso de agua (truco muy socorrido en fiestas y reuniones familiares) y por supuesto, muy pronto te librarás del espíritu maligno de tu pareja, no sin antes vengarte debidamente.

Abracadabra

A esta palabra en sus orígenes se le atribuyen poderes mágicos y sanadores. Existen varias teorías acerca de su etimología. Por ejemplo, que proviene del arameo y significa: *"Yo creo conforme hablo".* O que proviene del hebreo y su significado sería: *"Iré creando conforme hable".* Al final coinciden en que se trata de crear a través de la palabra. Curiosamente el poder de la palabra es tal, que no sólo podríamos crear, sino destruir.

Y como quien desde su infancia usa ciertas armas no las identifica como tales, es bueno repasar algunas comunes. La idea es identificar las partes oscuras y arrojar luz sobre ellas para verlas y transformarlas. Así que a continuación ofrezco algunos diálogos destructivos y su correspondiente contraparte sanadora. Cada ejemplo es sólo una idea y Ustedes pueden adaptarlas a su realidad, pero siempre con la intención de hacer un buen uso de la "magia" del lenguaje.

En cada uno daré algún ejemplo de una conducta o diálogo dañino (cuadro izquierdo) y una opción sanadora (cuadro derecho). Los ejemplos pueden ser en masculino o femenino por razones prácticas, pero no son exclusivos de un sexo u otro. No se trata de ya no decir nada, sino decirlo diferente.

- Críticas constantes a la persona
    - ◊ Generalmente empiezan con un "Eres" o un "Estás" seguido de una palabra o frase despectiva: "un bueno para nada", "un estúpido", "una loca", etcétera.
    - ◊ Esta estructura es una agresión directa a la persona y causa que se defienda o contraataque.
    - ◊ En general en una discusión de pareja, si omitimos el "Eres" podríamos prevenir un conflicto mayor. Una idea más constructiva sería referirse a lo que sientes sobre la conducta o la omisión.

✗	✓
Eres un desconsiderado, estás viendo que vengo cargando las cajas y tú ahí echado sin mover un dedo para ayudarme.	Me siento enojada porque cuando venía entrando con esas cajas tan pesadas no te ofreciste a ayudarme.
Estás loca, enferma y desquiciada, cómo diablos se te ocurre dejar abierta la llave del agua e irte a la calle tan campante. ¡Eres una irresponsable sin conciencia ecológica, además de que ya echaste a perder la alfombra!	Que mal que se quedara la llave abierta; ni hablar, fue algo accidental. Vamos a ver qué podemos hacer con la alfombra, ¿te parece?

- Generalizaciones y exageraciones
    - ◊ Suelen construirse con las palabras "Nunca, Siempre, Nada, Todo…" Por ejemplo: *"Yo siempre debo hacerlo todo porque tú nunca puedes nada…"* Estas generalizaciones no suelen ser verdad, porque seguramente hubo ocasiones en que las cosas fueron diferentes.
    - ◊ Las exageraciones, aunque figurativas, causan un impacto negativo en quien las dice y las recibe. Suelen estructurarse con cantidades fantasiosas de algo: *"Te he pedido mil veces que me llames cuando vas a llegar tarde…"* Prácticamente esto tampoco es verdad. Sería mejor decir "muchas veces".

✗	✓
Un millón de veces te he dicho que no me hables así y parece que te digo "hazlo". Nunca hablas como la gente.	Muchas veces te pedí que no me levantes la voz porque eso no ayuda a tranquilizarme. Por favor no lo hagas.

- Esgrimir una supuesta autoridad o jerarquía
    ◊ Se trata a la pareja con cierto desprecio o superioridad, como si el que habla tuviera mayor jerarquía. Las palabras suelen acompañarse de ademanes o gestos que confirman esa postura, generalmente echando el cuerpo hacia delante, con mirada fija y levantando la voz como si se tratara de un ultraje a la autoridad.
    ◊ Se merma la autoestima y el ego y se genera resentimiento en la pareja.
    ◊ Recuerden en este caso la postura simétrica de las relaciones donde no hay diferencias entre Ustedes. Es muy importante cuidar la postura corporal, gestos y ademanes al hablar.

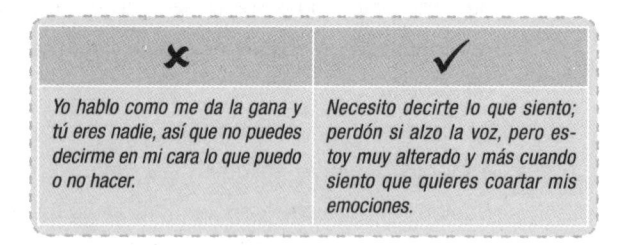

✘	✔
Yo hablo como me da la gana y tú eres nadie, así que no puedes decirme en mi cara lo que puedo o no hacer.	*Necesito decirte lo que siento; perdón si alzo la voz, pero estoy muy alterado y más cuando siento que quieres coartar mis emociones.*

- Cerrar posibilidades
    ◊ Es una forma de decir "contigo no se puede" o "eres muy necio/a". Se usa cuando la pareja no desea seguir nuestros "sabios consejos" en algún asunto. Este patrón es primo-hermano del *"para qué me preguntas si acabarás haciendo lo que te da la gana..."* Se agrava con el castigo de cerrar la posibilidad de ayuda a la pareja "desobediente", augurándole un fracaso por no habernos escuchado.

◇ La pareja víctima de este patrón se siente incomprendida, regañada y a la deriva. Se puede mostrar temerosa de que su método no sea el mejor y hasta arrepentida si no le va tan bien. Por supuesto es un ataque directo a la confianza y la autoestima.

◇ Aunque los métodos de tu pareja no sean los tuyos y tengas vasta experiencia en todas las materias de la vida, dale oportunidad de experimentar por sí mismo/a. Claro, si le va bien estarás ahí para alegrarte y si no, la apoyarás.

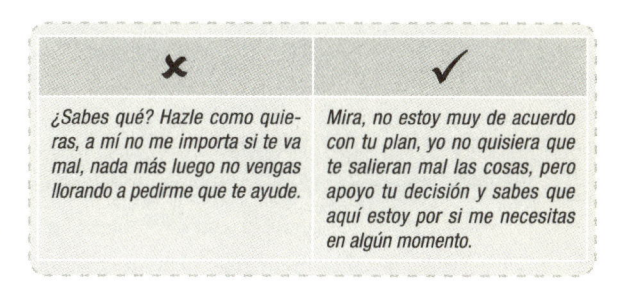

✘	✔
¿Sabes qué? Hazle como quieras, a mí no me importa si te va mal, nada más luego no vengas llorando a pedirme que te ayude.	Mira, no estoy muy de acuerdo con tu plan, yo no quisiera que te salieran mal las cosas, pero apoyo tu decisión y sabes que aquí estoy por si me necesitas en algún momento.

● Te lo dije (y similares)

◇ Patrón de comunicación que busca reafirmar la "grandeza" de quien lo utiliza y el castigo que sufrió quien se negó a escuchar y seguir nuestro consejo. Se genera recalcando que, de habernos hecho caso, ninguna calamidad habría sucedido. Se complementa con un acento en el carácter "necio" o "estúpido" de la pareja "rebelde".

◇ Se destruye la confianza y la empatía, se genera resentimiento y se golpea la autoestima de la pareja. Se siembra la semilla de la rivalidad, pues de aquí en adelante debemos cuidarnos de no cometer error alguno, pues muy probablemente nuestra pareja esté vigilante para desenmascarar nuestra supuesta "perfección".

◊ Siempre es mejor la validación de emociones y la empatía como vía para mantener una relación simétrica y armónica.

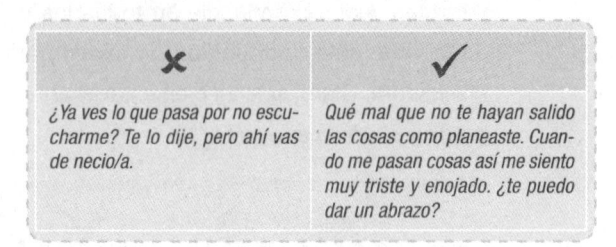

✘	✓
¿Ya ves lo que pasa por no escucharme? Te lo dije, pero ahí vas de necio/a.	Qué mal que no te hayan salido las cosas como planeaste. Cuando me pasan cosas así me siento muy triste y enojado. ¿te puedo dar un abrazo?

- Guardarte información importante
    ◊ Nos enteramos de algo que atañe a nuestra pareja, pero decidimos guardar esa información por temor a su reacción, por revancha de no sentirnos escuchados o por resentimientos no ventilados.

    ◊ Con este patrón se rompe la confianza en la pareja.

    ◊ Entiendo que no es sencillo ser escuchado cuando en el pasado tu pareja no lo hizo. Pero esto no lo haces por el otro solamente, también para conservar tu integridad moral.

✗	✓
– El carro me dejó tirado en el periférico… – ¿Qué le pasó? – No sé, de pronto hizo un ruido muy extraño y echó mucho humo. – Ah sí, ya tenía días con un ruido raro. – ¿Y por qué no me dijiste? – Pensé que tú lo notarías, además me echarías la culpa por descomponerlo y la verdad yo no quería un pleito.	– Oye mi vida, el carro trae un ruido muy raro en el motor. – ¿Pues qué le hiciste? – No le hice nada, se lo noté justo hoy y te quise decir para que no pase a mayores la falla. – De seguro algo le hiciste, no mientas. – No miento y lamento que pienses así, el carro es de los dos y soy la menos interesada en dañar nuestro patrimonio; sólo te aviso lo que noté para hacer algo al respecto.

- Arrojar culpas, evadir responsabilidades o "voltear" la tortilla

    ◊ Es un patrón de inmadurez en que el agresor busca a toda costa quitarse la culpa o buscar responsables de algo. Para agravarlo y escapar del aprieto, el ofensor utilizará cualquier argumento para atacar a su pareja y no perder la "batalla", así sea traer cosas del pasado o que nada tienen que ver.

    ◊ Es un precursor de la erosión de la confianza y genera mucho resentimiento en la pareja que lo sufre. Quien lo usa de manera sistemática es víctima de su propia mente y eventualmente en verdad cree que el mundo conspira en su contra y los sucesos externos arruinan su vida, no las decisiones y acciones que toma.

    ◊ Se necesita la madurez necesaria para no evadir la responsabilidad. También flexibilidad para aceptar que tal vez estemos equivocados. La mente distorsiona más de lo que pensamos las percepciones y los recuerdos. La ayuda terapéutica es indispensable en este caso.

✗	✓
– ¿Oye, pediste la medicina a la farmacia? – ¿Cuál medicina? No me dijiste nada. – ¿Cómo que no te dije? Clarito te dije que la pidieras cuando estabas con tu hermana en la cocina. – Pues no, no lo recuerdo, pero yo no tengo registro de que me hayas dicho. – Claaaaaaaro, ahora la loca soy yo y resulta que tú padeces de amnesia. ¡Qué conveniente! – No sé si loca y no creo tener amnesia, pero no recuerdo que me hayas pedido nada. – ¡Sí lo hice, mejor di que te valió! – No me valió y ya no sé qué más decirte. – Típico, no puedes decirme nada porque sabes que mientes como siempre. Es la medicina del niño, ¿estás consciente de eso, mal padre? – Estoy consciente, vamos a pedirla pues… – No, pues con eso ya lo arreglas todo; primero me dices mentirosa y ahora me quieres hacer el "favor" de ayudarme. Es tu maldito remordimiento que no te deja, por eso la vas a pedir.	– ¿Mi amor, pediste la medicina a la farmacia? – ¡Ah caray, ¿qué medicina? – La que te pedí para el niño; te dije que si me hacías favor de pedirla, ¿recuerdas? – Perdón, francamente no lo recuerdo, quizá estaba distraído; ahorita la pedimos. – Claro, igual y yo me confundí y pensé decirte, pero bueno, vamos a pedirla.

- Burla, sarcasmo, exhibir a tu pareja
    ◊ Se trata de un patrón muy hostil que disfraza la agresión bajo formas que pretenden ser "divertidas" o "ingeniosas". Es un mensaje más o menos

indirecto, degradante, amenazante o de desprecio a la persona. Si la víctima recrimina la conducta, el agresor dirá que era una broma y le acusará de ser una persona "amargada y hostil", en todo caso, de hipersensible con el clásico "ni aguantas nada".

◇ Frustración, indefensión y resentimiento son las sensaciones predominantes en el atacado.

◇ Es necesario reconocer los sentimientos de enojo profundo detrás de estas conductas. Especialmente si la persona suele usarlos de manera rutinaria como una forma "divertida" de convivir (según su versión). La realidad es que se trata de abuso verbal muy desagradable cuando se usa de manera sistemática contra una persona.

✘	✔
– ¿Hola, por qué llegan tan tarde? – Ni me digas amiga; este marido mío es un caso perdido, estuvimos dando vueltas dos horas y él estaba necio de no querer preguntar. – Ay bueno, eso no es nada, cuéntales mi vida cuánto tiempo tardas en el baño... la verdad no sé qué tanto hará, pero se la pasa horas dentro precisamente cuando tenemos que salir.	– ¿Hola, por qué llegan tan tarde? – Nos perdimos amiga, no estamos acostumbrados a andar por estos rumbos. – Bueno, no importa, nosotros también llegamos algo retrasados.

- Cortar las alas
    ◇ Es cuando tu pareja quiere iniciar o retomar alguna faceta de su profesión, estudios o incluso un

pasatiempo y tú, lejos de apoyar, la desmotivas y desmoralizas de manera a veces degradante.

◊ Es algo muy difícil de sobrellevar, pues el entusiasmo con el que tu pareja te cuenta sus planes se ve aplastado brutalmente por tu respuesta denigrante y desatenta.

◊ Si no estás de acuerdo con los planes o proyectos de tu pareja, hazle saber tu preocupación, pero sin desmotivarle o humillarle.

✗	✓
– Mi amor, creo que voy a estudiar un idioma. – ¿Un idioma? ¿A estas alturas? ¿Para qué? – Pues porque tengo ganas; mira, ya investigué y estoy entre inglés y francés, ¿qué opinas? – Opino que no deberías tirar tu dinero en eso. ¿Te va a servir para tu trabajo o qué? – No exactamente, pero siempre tuve ganas de aprender un idioma. – Bueno, si tienes para pagarte tu caprichito, pues allá tú... – ¡No es un caprichito! – Bueno, como le quieras llamar, yo siento que no necesitas perder ni tu dinero ni tu tiempo en eso, pero si vas a acabar haciendo lo que te dé la gana, adelante. Verás cómo te aburres rapidito ahora que no puedas.	– Mi amor, creo que voy a estudiar un idioma. – ¡Órale, qué padre! ¿Cuál? – Estoy entre inglés y francés, ¿qué opinas? – Mmmmmm. Ambos son buenos, quizá el inglés es más práctico. ¿Te lo están pidiendo en tu trabajo? – No, sólo es que siempre he tenido ganas. – ¡Ah estupendo! ¿Ya checaste opciones? – Si... mira... – Bien. Me preocupa un poco que te satures; luego te veo algo estresada por el trabajo y luego el costo... – No, éste es temprano en la mañana y me queda camino al trabajo. Iría tres veces por semana, así que no afectaría mucho. Del dinero ya lo tengo calculado y creo que sin lío. – Perfecto, pues si es lo que deseas, ¡adelante! Sabes que lo que te haga feliz a mí también me hace feliz.

- El castigo del silencio
    - Es dejar de hablar o ignorar las peticiones de tu pareja o incluso a tu pareja misma.
    - Es una forma muy hostil de interactuar, rompe la posibilidad de diálogo, genera un resentimiento profundo y puede terminar con la relación o, en el peor de los casos, en un patrón de chantaje donde uno retira el habla, el otro entra en ansiedad y ruega al otro para que hable y así sucesivamente.
    - Siempre sería útil usar el silencio sólo como herramienta y nunca como arma.
    - Usarlo de manera temporal, consensuada, cuando sientan que las emociones les rebasan. Nunca por más de 24 horas y nunca sin explicar el porqué del silencio.
    - Usarlo para escuchar a tu pareja cuando tenga algo que decirte, para evitar defenderte o interrumpir. Un silencio verbal, pero una actitud no verbal de acompañamiento y presencia.

✗	✓
– ¿Qué tienes, estás enojado? – (silencio) – Te estoy hablando. – (silencio) – ¿No me vas a contestar? – (silencio) – ¡Caramba di algo, pareces niño! – (silencio) – ¡Di algo! ¡Contéstame! – ¿¡Qué!? – ¿Qué tienes? – (silencio)	– ¿Qué tienes, estás enojado? – La verdad me siento un poco molesto por el incidente que acaba de ocurrir. Preferiría estar en silencio un momento en lo que ordeno mis pensamientos, ¿me podrías ayudar con eso? – Pero tenemos que hablar. – Claro, pero de verdad siento mis emociones e ideas algo confusas. Dame por favor unos minutos y hablaremos, no quiero decir algo inadecuado. – Está bien, pero por favor hablémoslo luego. – Lo prometo, sólo unos minutos.

- Dar la espalda a tu pareja
    ◊ Es dejar sola a tu pareja con un problema o hacerte el/la desentendido/a ante una situación que le aflija.
    ◊ Esto rompe la confianza y los aleja. Tu pareja, además del problema que te expuso, ahora también se siente solitaria, confundida, frustrada.
    ◊ Escúchala, valida sus emociones y acompáñala en la toma de decisiones. Generalmente no quiere que le resuelvas el problema, sólo que escuches y comprendas.

✗	✓
– Mi mamá se volvió a enojar conmigo ¿tú crees? – Ya te he dicho que tu mamá está loca, no le hagas caso. – ¿Cómo no le voy a hacer caso?, ¡es mi mamá! – Entonces amuélate. – Es que me duele que sea así. – Ya te dije, no le hagas caso y ya. – ¿Qué solución es ésa? – Evidentemente la más efectiva y no quieres tomar; ya déjame ver la tele, ¿sí?	– Mi mamá se volvió a enojar conmigo ¿tú crees? – ¿Cómo crees? ¿Y ahora por qué? – Lo mismo de siempre, mi hermano… – ¡Qué caray! ¿Y qué vas a hacer? – Pues creo que ahora sí tomaré otras medidas… no sé, como verla menos por un tiempo. – No suena mal, quizá te funcione. Al menos es algo que no has intentado antes, ¿cierto? – Sí… no lo he hecho hasta ahora. Creo que probaré. – Bien. Y veremos cómo marcha el plan.

Son algunos ejemplos de lo que se puede hacer con el lenguaje. Así que a Ustedes les resta elegir si usarán magia blanca o magia negra. Cuando suelo ayudar a mis pacientes en el consultorio, y llego a ponerles estos ejemplos, un comentario recurrente es: *"Pero Mario, nadie habla así como propones…"*, a lo que yo respondo: *"Precisamente, ése es el problema"*.

Remplazar conductas

Es complicado "desaprender" lo que por muchos años llevamos a cabo; especialmente con componentes emocionales, más que racionales. ¿Cómo sacarse de la cabeza que no hablarle a mi pareja, por ejemplo, es el mejor método para que sepa no sólo que estoy molesto, sino además las razones de ello y lo que espero que haga para dejar de estarlo. ¿Complicado, no es así?

La aritmética del amor nuevamente hace su aparición. No se trata de restar (desparecer la vieja conducta disfuncional), sino de sumar (agregar una más eficiente). Cuando le ofrecemos a nuestra cabeza conductas alternativas, seguro las evaluará si:

- Consideramos la posibilidad de que nuestra conducta habitual, para nuestro ejemplo dejar de hablar a la pareja, no es la mejor solución e incluso empeora la comunicación.
- Tenemos más de una posible conducta alternativa como camino hacia el cambio, o al menos la disposición de buscar ayuda si no se nos ocurre nada más.

Tomemos por ejemplo las siguientes opciones:

1. Dejarle de hablar (la que solemos aplicar).
2. Buscar el diálogo y la negociación inmediata, sin importar si tu pareja tiene una explosión emocional de enojo o tristeza.
3. Culparle de lo ocurrido y luego darte la media vuelta haciéndote el/la ofendido/a.
4. Salir de la casa y no volver jamás (sí, es una opción).
5. Pedir tiempo para acomodar las emociones, quizá apartándose de manera física por algunos minutos, pero revelando las razones por las que lo haces, y luego juntos ventilar la situación y buscar una solución.

Parece obvio para muchos cuál conducta promete mejores resultados, pero eso cada quien debe decidirlo y probarlo. Esa puede ser la pequeña gran diferencia entre tomarte el café con un amigo e ir a consulta con un psicoterapeuta. El amigo suele darte soluciones prefabricadas o desde su sentido común, generalmente simpatizando con tu estado de ánimo; por ejemplo: *"Sí amiga, es un patán, mejor salte para que le des un escarmiento"*. Un profesional, en cambio, te ayudará a encontrar opciones y te ayudará a elegir la que pueda desenmarañar la situación, no complicarla más.

Cuando probamos una conducta distinta *("en vez de dejarle de hablar mejor le diré a mi pareja que me siento molesto/a por la broma que me hizo en el auto"),* tendremos resultados distintos. En este caso si pruebas opciones distintas, y sientes que ninguna te funciona, siempre puedes volver a aplicar "la ley del hielo", al fin es algo que sabes hacer hasta sin pensarlo, ¿no es verdad?

¿Qué vimos en este capítulo?

- Nuestra forma de reaccionar proviene de patrones aprendidos, muchas veces en la infancia, que no siempre conducen a resultados positivos en el largo plazo.
- La violencia no sólo viene como agresión física y puede darse de muchas maneras en una relación.
- Si bien la violencia física es la más destructiva y riesgosa para la integridad de quien la padece, la llamada violencia común en la pareja puede ser muy destructiva si se prolonga.
- Si hacer no funciona, dejar de hacer no necesariamente sería la solución. Observar, identificar y matizar nuestras conductas puede ser una buena idea para no caer en extremos.
- El lenguaje es una herramienta muy poderosa de comunicación. Con él pueden construir o destruir; es necesario remplazar patrones dañinos.

Ejercicio sugerido

En esta ocasión presento algo más que un ejercicio: una guía para cuando sientan que la respuesta emocional se sale de las manos. No es sencillo controlar las emociones cuando se desbordan y más si responden de la misma manera ante los mismos estímulos (por ejemplo, patear un objeto cada vez que se experimenta frustración o insultar si alguien no colabora).

De hecho, la sola idea de controlar una fuerza tan poderosa como una emoción desbordada, pensemos en el miedo por ejemplo, resulta poco menos que imposible. Sabemos que una persona aterrorizada escapa a gran velocidad del peligro, a veces sin importar lo que deba hacer para conseguirlo. Entonces quizá necesitemos un nuevo abordaje y una manera distinta de conceptualizar emociones intensas que no impliquen su control, sino su adecuada canalización. Podríamos echar mano de esta estrategia para "domesticar" nuestras emociones, y hacerlas más adaptables y menos dañinas.

1. **Identificar:** Cuando una emoción intensa se presenta no lo hace sin avisar. Por lo general ciertas partes del cuerpo manifiestan sensaciones de calor: la cara o quizá algunos músculos se tensan, por ejemplo los de las manos. También hay reacciones viscerales y el estómago nos da la señal de alarma. Si identificamos esta señal previa a la explosión, anticiparemos algunos segundos lo que viene. Podemos pensar como en una especie de "alerta sísmica" que nos conduciría al paso dos.

2. **Ponerte a salvo:** Ya sea de lastimar a tu pareja o causarte a ti mismo algún daño. Esto lo puedes lograr:

    ◊ Evitando en lo posible discusiones con tu pareja en lugares confinados, como el auto o un espacio donde no sea posible poner distancia temporal. Si las discusiones son frecuentes pueden acordar, por ejemplo, que en el auto sólo escucharán música que a ambos guste y no conversarán de nada hasta llegar a casa.

    ◊ Acordando previamente con tu pareja, mediante un ademán neutro (por ejemplo levantar el brazo izquierdo en alto) o una palabra o frase clave neutra (por ejemplo "Delfín" o "Creo que voy a llamar a mi abuela"): sería una señal para detener de inmediato cualquier conversación o interacción sin hacer preguntas por el momento y permitiendo que la pareja que pidió la "tregua" se aleje por unos minutos sin ir tras ella.

3. **Canalizar:** Aprovechar ese momento de tregua no para rumiar, pues eso puede incrementar la emoción o generar resentimiento, sino para dar una salida a la emoción que se experimenta. Para esto hay varias opciones:

    ◊ Escribe en una bitácora de emociones, en una hoja de papel o libreta lo siguiente:
        - Fecha, hora, qué pasó, qué hacías cuando empezó todo, qué lo detonó y cómo te sientes (en esta parte sé tan explícito/a como puedas; extiéndete lo necesario. Cuando te sientas tranquilo/a, anota la hora y deja de escribir.

    ◊ Realiza un dibujo que represente tu emoción o sentimiento. Por ejemplo, si es enojo, garabatea en la hoja una maraña de líneas o quizá un animal con grandes colmillos. Cualquier cosa que represente tu sentimiento. Pon colores o dibuja con lo que tengas a mano. Luego de plasmar toda tu emoción en ese dibujo, enciérralo en un círculo de líneas firmes, bien marcadas. Visualiza o imagina cómo al atrapar la emoción se tranquiliza, pues la domesticaste. Con esta última recomendación vienen a mi memoria las palabras de la pintora portuguesa Paula Rego: *"Si introduces elementos aterradores en un cuadro, ya no pueden hacerte daño…"*

◊ Si crees que ayuda, grita en una almohada o golpéala unos minutos, aunque esta opción no es de mis favoritas, pues se sigue generando un patrón de agresividad, aunque sea contra un objeto.

4. **Razonar:** Contigo mismo/a acerca de las causas de tu enojo, desde cuándo se presenta, si esta reacción la tienes con otras personas o en otros contextos, si es aprendido de quién fue y especialmente piensa y visualiza qué reacción te habría gustado tener, en vez de la que tuviste, qué crees te habría dado un resultado favorable distinto o ayudado más. En este momento es oportuno identificar a los pequeños enemigos infiltrados que no te ayudan, me refiero a pensamientos e interpretaciones que sólo arrojan "más leña al fuego" como: *"No me quiere", "No le importé", "Lo hizo a propósito"* pues, por evidente que parezca, sólo cuentas con la certeza de lo ocurrido, pero nunca de las verdaderas intenciones de tu pareja al actuar como lo hizo. Considero preferible pensar en la reacción de tu pareja como limitada y fuera de control, antes que como acto de maldad. Y aun si fuera como crees, ¿qué bien te hace machacar eso en tu mente?

5. **Ensaya**: Visualiza en tu mente la conducta del punto anterior. Visualízate con una reacción menos impulsiva y más positiva. Recrea lo sucedido en tu mente tal cual pasó, con la excepción de tu reacción. Deja que en este ensayo mental sea la que te habría ayudado más. Repasa en tu mente la nueva escena dos o tres veces, la idea es imaginar qué hubiera ocurrido, así te dejará más tranquilo y será una especie de "programación" para un suceso futuro. Claro, no es magia y lo más probable es que vuelvas a caer en viejos patrones. Recuerda que los caminos más transitados son más sencillos de andar, así que "sin prisa, pero sin pausa" manten en tu mente la imagen de lo que quieres, no de lo que te dio problemas. Es poner al frente las soluciones, nunca los problemas.

6. **Regresa**: Pregunta a tu pareja si está listo/a para hablar. Lo ideal es que mientras te ausentaste tu pareja haya hecho el mismo ejercicio descrito. Conversen acerca de lo que descubrieron durante el mismo y busquen acuerdos con la intención de desactivar la hostilidad en el futuro.

CAPÍTULO 6

La infidelidad

Pudiste llegar a este capítulo de varias maneras:

- Tras terminar el capítulo anterior.
- De inmediato, luego de ver el índice, debido a que el tema te interesó "por alguna razón".
- Las páginas se abrieron al azar y simplemente "aterrizaste" aquí.

Podría apostar que la mayoría no llegó por la secuencia o el azar, sino para encontrar respuestas y consuelo a un sufrimiento. Si es tu caso hiciste lo correcto. Llegar aquí puede servirte como un espejo y guía para sobreponerte. Sólo una petición: si llegaste de manera directa, no cierres el libro al terminar este capítulo. Sigue leyendo hasta el final; no dejes a la deriva algo que vas a remover.

Si llegaste por secuencia de capítulos, ¡felicidades! Seguro encontraste cosas relevantes para tu relación y otras no tanto. Cada caso es distinto. Para ti tengo también una petición; no te saltes este capítulo por pensar que "a mí esto no me va a pasar". Sabemos que no existe una vacuna contra la infidelidad aplicable a ninguna persona o relación, así que adentrarte un poco en las sombras podrá ayudarte a moverte en ellas si se presentan.

Finalmente si llegaste por obra del "azar", elige ir al inicio o acompáñanos en este capítulo. Se dice que "no hay casualidades", así que quizá sea tu momento de leer sobre el tema.

Iremos gradualmente en este capítulo; es decir, hablaré de lo más general y preventivo, hasta lo más específico y correctivo.

¿Qué es para ustedes la infidelidad?

Mi pregunta es intencional. No pregunto "¿Qué es la infidelidad?", sino qué es para Ustedes, porque en el diccionario encontraremos simple y llanamente que "infidelidad" es "falta de fidelidad". No nos dice mucho y sin embargo abre la puerta a otro cuestionamiento. ¿Fiel a qué o a quién?

Vamos por partes. Aquí nos referiremos a la infidelidad desde el punto de vista de la pareja en cualquiera de sus modalidades. Para tener una base común, y luego regresar a mi pregunta inicial, estableceré la distinción entre lo privado y lo secreto.

Lo privado es lo que mantienes para ti porque prefieres que nadie se entere, sea por pudor, intimidad o simplemente porque no te es cómodo que alguien se entere. Un ejemplo de algo privado puede ser bañarte, o dormir con mameluco a tu edad. Una característica de lo privado es que si por alguna razón alguien lo descubre, sólo tendría consecuencias menores para ti, una situación bochornosa, chusca o incómoda. Regularmente si lo privado se revela no pasa a mayores.

Por otra parte tenemos lo secreto, algo que mantienes para ti, o en el desconocimiento de alguien, porque temes sea descubierto. Un ejemplo sería ocultar que has tomado dinero ajeno, tu título profesional es falso o tienes una relación paralela a tu relación formal y estable. La consecuencia de que lo secreto se revele implica no sólo pasar una vergüenza o incomodidad, sino que traiga consecuencias negativas para ti y alguien más. El revelar que tomaste dinero ajeno trae, además de la consecuencia obvia para quien robaste, una afectación en tu credibilidad y honor amén de afectar emocionalmente a padres o hijos al enterarse. Si tu título profesional fuera falso, serías despedido y acusado de un delito, y causarías un daño a la institución o personas que depositaron en ti sus expectativas. Claro, también tus seres queridos serían afectados. Y que se revele que tienes una relación secreta, sin duda daña seriamente la salud emocional de tu pareja y algunas veces incluso de la persona con la que engañaste, si es que tampoco sabía que tenías otra relación.

Un mismo hecho puede ser privado en un contexto y secreto en otro. Por ejemplo, mirar pornografía puede ser algo privado, siempre que no haya una relación de pareja, no involucre a niños o algún otro acto ilegal. Nadie resulta afectado y si alguien te sorprende, pasarás a lo sumo un bochorno. Pero el mismo acto dentro de una relación de pareja estable se convierte en secreto pues lo haces a espaldas de tu pareja que, al enterarse, podría afectar su autoestima, lesionar su confianza o incluso decepcionarse de la imagen que tenía de ti. No obstante, sería algo privado entre Ustedes si están de acuerdo en que veas pornografía.

Ahora sí tenemos ya una buena base para partir hacia nuestra definición personal de infidelidad. Desde mi punto de vista se sustenta no en algo privado, sino en algo secreto. Algo que no se desea sea revelado o conocido por la o las personas que podrían resultar afectadas y que, de manera simultánea, uno mismo sería afectado por ese hecho. Las parejas *swingers* o que viven bajo el concepto de "poliamor" no pueden considerarse infieles, pues todos los participantes acordaron tener relaciones con distintas personas. No hay secretos, aunque mantienen en privado sus actividades.

Ahora sí retomo mi pregunta inicial ¿Qué es para Ustedes la infidelidad? ¿Qué necesitas saber que tu pareja hizo para decir que fue infiel a pesar de argumentar en ciertas situaciones que "no tiene nada de malo"? Es muy importante conocer los parámetros de cada uno para definir la infidelidad, pues prevenir malos entendidos depende mucho de esto. Si sabes qué te molesta, sabes qué no le gustaría a tu pareja y ambos lo conversan es probable llegar a acuerdos que no caigan en el control o la manipulación, el descaro o el cinismo. Y es que si nos quedamos sólo con los conceptos la cosa puede ser confusa. Por ejemplo, cuando hay adulterio (relaciones sexuales con un tercero fuera de una relación formal sin el consentimiento de ambos) decimos que hay infidelidad, pero no siempre diremos que cuando hay infidelidad necesariamente hubo adulterio. Además, ni toda infidelidad sexual conlleva una emocional, ni toda emocional una sexual. Ninguna es deseable, pero para ti cuál sería más grave si debieras elegir sólo una como tal.

Al final de este capítulo encontrarán un ejercicio útil para conocer sus estándares en cuanto a esto. Mientras tanto, qué tal si redactan su propio concepto de infidelidad. Si trabajas con tu pareja, redacten cada uno su concepto por separado y luego comparen, traten de redactar uno común en el espacio de abajo, pero cuidado: **Si no estás dispuesto/a a adherirte a lo que puedan redactar en conjunto, es mejor no redactar nada. Si lo haces y luego fallas no sólo habrás cometido un error, sino que habrás engañado dos veces.**

Si trabajas de modo individual, muestra a otras personas lo escrito, preferentemente del sexo opuesto, y pide su punto de vista. Sólo para tener un parámetro externo para la reflexión. ¿Listos?

Nuestro concepto de infidelidad es: _____
_____
_____
_____
_____
_____
_____

Bien, tienen un concepto personal de infidelidad y sobre éste evitarán caer o ejecutar cualquier conducta que transgreda lo que acaban de redactar.

Acuerdos implícitos y explícitos

Alguien podría decir: *"Yo nunca acordé fidelidad con mi pareja, así que no hago nada malo si estoy con otro persona"*. Es verdad que generalmente no existe un acuerdo explícito de "seremos fieles", pero nuestro contexto cultural se basa en relaciones monógamas. Si quieren verlo como un lineamiento social más que biológico, es el modelo que adoptamos. Entonces, para nosotros el tema de la fidelidad es algo implícito; es decir, se presupone que lo seremos sin anunciarlo o prometerlo, sin que alguien especifique que eso se espera de nosotros. De hecho si una pareja de adultos acuerda tener relaciones paralelas, eso sí deben manifestarlo, pues no es lo esperado en nuestro contexto.

Sin embargo, al inicio de una relación no estaría nada mal poner los puntos sobre las "íes"; me refiero a hacer explícita nuestra postura acerca de la infidelidad y cuál es nuestra tolerancia al respecto. Hay quien dice que una la perdona, pero dos no. Habrá quien maneje una política de cero tolerancia y especificar que a la primera infidelidad la relación se acaba. No se trata de amenazas a nadie, sino de hacer saber al otro cuál es nuestra postura al respecto, nada más.

Ahora bien, si no tienes una postura definida y el tema te da lo mismo, entonces deja pasar las cosas. Sólo recuerda que uno nunca debe tolerar más de una vez lo que no esté dispuesto a tolerar el resto de su vida. Hay quien se hace "de la vista gorda" ante distintas señales, aun con evidencia o casos probados de infidelidad recurrente. Lo hacen por miedo a la soledad o piensan que esa pareja, como es, es mejor que nada. Hay quien cree que las cosas cambiarán "algún día" por arte de magia y eso generalmente no ocurre. Hay incluso quien dice: "Mi pareja lo hace, yo también lo haré", pero esto, más allá de ofrecer a la persona un escape a su frustración, nos deja entrever alguien que de todos modos lo hubiera hecho tarde o temprano o es alguien con una personalidad tan frágil que sus decisiones las determinan las acciones de alguien más. La persona íntegra no debe arrojarse al río si mira que su pareja lo hace por alguien más. Simplemente le mirará desde la orilla, lamentará el hecho y dará media vuelta para seguir su propio camino.

¿Fiel a quién?

Casi al inicio del capítulo lancé esta pregunta y ahora la retomo. Una frase ronda por ahí, cuya autoría desconozco, y reza más o menos así: *"Si te enamoras de dos personas, quédate con la segunda, pues si en realidad amaras a la primera, no la hubieras engañado"*. No concuerdo del todo con esta frase. Alguien infiel puede amar a dos personas a la vez o al menos asegura hacerlo. Cuando la doctora Helen Fisher (antropóloga) describe el proceso del amor en el cerebro de las personas, dice que esto es posible, aunque no de la misma manera. Se puede sentir una gran atracción sexual hacia una persona, una atracción selectiva y romántica hacia otra y un apego profundo hacia una tercera. Todos estos sistemas conceptualizados como amor, pero a distintos niveles.

Pienso que el infiel nos puede ofrecer una certeza: se es fiel a sí mismo. La cuestión es cómo es esa persona y hacia qué valores y conductas guarda fidelidad. Alguien puede ser fiel a su convicción de no engañar a una pareja o, por el contrario, el adicto al sexo será fiel a lo que le ofrece una sensación de bienestar, aunque a la vez sufra cuando se ve privado de ella. El que ha tenido experiencias traumáticas en la infancia quizá sea fiel a relacionarse con más de una persona para acallar el miedo al abandono y tener una sensación de bienestar que no tardará en desaparecer. Recordemos que las emociones son más poderosas que los sentimientos o la razón, así que algunos infieles no buscan lastimar o no es que no les importe que sufras; así se protegen, obtienen lo que consideran vital: se autocentran temporalmente y dejan la empatía en segundo término. Busca con sus conductas fallidas la cura a sus males, sin darse cuenta que de esa poción bebieron muchas veces sin obtener resultados distintos.

Con esto no defiendo la postura del infiel. Hay los que lo hacen con premeditación, alevosía y ventaja; son personalidades manipuladoras, narcisistas y tóxicas. Sólo son fieles a sí mismos, pero la diferencia con los del ejemplo anterior es que los últimos no tienen empatía por nadie, saben que lastiman, no les importa que sufras e incluso pueden disfrutarlo. Son una especie aparte que sin duda requiere ayuda psiquiátrica y de los que hay que alejarse como del peor de los males.

Retomando y reconstruyendo la frase de autoría desconocida, la recompondría (o descompondría) más o menos así: "Si te enamoras de dos personas, y no puedes actuar tu amor con ambas, busca ayuda profesional antes de que arruines tres vidas".

¿Por qué somos infieles?

Se suele achacar al hombre un índice más alto de infidelidad, pero hoy sabemos que entre las mujeres siempre hubo una cifra negra más velada, quizá por cuestiones de estigma y juicio social. La apertura en temas como el sexo y las relaciones hacen que hablemos más y con mayor claridad de esto. Sabemos, por ejemplo, que 83 por ciento de las mujeres inscritas en sitios on-line de encuentros extramaritales son esposas y madres y la infidelidad femenina no se distancia mucho de la masculina. Por ejemplo, un estudio publicado en 2014 en el *Journal of Marital and Family Therapy* señala que 57 por ciento de hombres, contra 54 por ciento de mujeres, admitieron haber sido infieles alguna vez. A quienes preguntaron si tendrían una relación paralela, con la certeza de que nunca los atraparían, 74 por ciento de hombres y 68 por ciento de mujeres encuestados dijo que bajo esas circunstancias lo haría.

Sin pretender agotar las razones por las que una persona es infiel, mencionemos como principales éstas:

- **Inmadurez:** No se miden las consecuencias de la infidelidad cuando sea descubierta. No se percibe como algo grave, mientras la pareja no se entere. Podrían decir algo como: *"Yo no quería lastimarte, no sé qué me pasó, no hubiera querido que te enteraras..."*
- **Baja autoestima:** Personas que se ponen "pruebas" para demostrarse atractivos y deseables para el sexo opuesto. Finalmente, como en el fondo no se sienten dignos o capaces, una vez que "conquistan" lo conquistado pierde la cualidad de reto y buscan una nueva relación.

Su pensamiento podría ser: *"Necesito saber si soy atractivo al sexo opuesto... ¡oh, sí lo soy!... pero no, en realidad sé que no... debo buscar alguien más para estar seguro..."*

- **Adicción sexual:** Personas que sufren un trastorno y no refrenan su necesidad de placer con otra persona para tener lo que necesitan. En su mente hay: *"Sexo, sexo, sexo... necesito sexo en grandes cantidades para ser feliz".*

- **Monotonía sexual:** Personas con una pareja monógama durante años, pero con relaciones sexuales monótonas, nulas, de baja calidad o baja frecuencia. Su intención no es dejar la relación, pues aman a su pareja desde al apego profundo. Podrían decirse a sí mismos: *"Me siento con una sexualidad reprimida, pero amo a mi pareja y no quiero dejarle... sin embargo, esta persona que me ha insistido me atrae mucho... quizá vale la pena volver a vivir y sentir..."*

- **Falta de aprecio recibido/percibido:** Algunas personas esperan de su pareja afecto y aprecio evidentes desde sus propios códigos personales; de esto hablamos en el capítulo uno bajo el tema de actos románticos. Sin embargo, los actos de apreciación y estima también son necesarios en una relación. Si la persona no recibe o percibe la apreciación y valoración de su pareja, puede verse "tentada" a buscar o encontrar alguien que sí se los dé. No es una justificación para ser infiel, como veremos más adelante, pero parece un hecho real. Por ejemplo, el sitio de citas extramaritales vía internet Ashley Madison dice que, por cuatro años consecutivos, desde el año 2009, el día en que más mujeres casadas se enlistan en el sitio para encontrar un amorío, es al siguiente del de las madres y esta tendencia va al alza. Los creadores del sitio atribuyen este notorio efecto a la falta de aprecio que las mujeres reciben el día anterior de sus parejas. Habrá que esperar estudios concluyentes para corroborar esto, pero las cifras están ahí. Bajo este esquema alguien podría pensar: *"Mi pareja no me aprecia y si no me aprecia es que no le importo. Yo quiero importarle a alguien y sentir que me aprecian... ¿por qué no buscar a alguien que lo haga?*

- **"No creer" en la fidelidad sexual**: Pero si lo declara, podría sufrir el rechazo de muchos o que su oportunidad de "buenas" parejas se reduzca. Claro, esa libertad sólo aplica a ellos, por lo que sólo se manifiesta a favor de una fidelidad social (más de apariencia). Si leyeras su mente quizá te toparías con que piensa así: *"Yo no estoy hecho para una sola persona, necesito más para ser feliz. Mi pareja nunca lo comprendería; además, no me gustaría que me hiciera lo mismo, si tengo el suficiente cuidado puedo tener lo mejor de ambos mundos: estabilidad y aventura".*

- **Narcisismo exacerbado**: Personas que creen que todos sus deseos y necesidades deben ser cubiertas cuando lo deseen. Llegan a cosificar a las personas como objetos a su servicio, y carecen de empatía hacia los demás, poniendo sus necesidades antes que el posible sufrimiento de otros. Si su pareja estable no es capaz de cumplirle los caprichos más demandantes que pasan por su mente, sentirá que no le quiere lo suficiente o no sabe apreciarle y buscará quien sí. Su frase sería: *"Si lo quiero, ¿por qué no he de tomarlo; tiene algo de malo?"* o *"Tú no me dabas lo que yo necesitaba, no me hacías sentir amado..."*

- **Por un impulso:** Ya la doctora Helen Fisher ha definido a los humanos como seres "monógamos secuenciales";

es decir, condicionados evolutivamente para una pareja el tiempo suficiente para la reproducción y la crianza; pasado este punto, surge una necesidad instintiva de buscar una nueva pareja, particularmente en los machos de la especie: *"Lo natural es el deseo, no la fidelidad"*, afirma la doctora Fisher. Es decir, que si somos más primitivos, el instinto nos vencerá. Una persona bajo este esquema diría: *"La carne es débil... no me pude resistir... fue un momento de debilidad..."* Yo diría: *"No culpes a la carne de tu pobre control de los instintos"*.

- **Convivencia y confusión:** Es común encontrar muchos casos de infidelidad en el entorno laboral o incluso hasta con vecinos. Citando otra encuesta realizada por el sitio de citas extramaritales Ashley Madison, afirma que nueve de cada 10 mujeres encuestadas, y que admitieron haber sido infieles previamente a su pareja, lo hicieron con su jefe o un compañero de trabajo de rango mayor al de ellas. La convivencia por largas horas con una persona durante la mayor parte de los días de la semana, pero especialmente las conversaciones compartidas, allana el terreno para que miremos al colega o jefe como alguien a quien le importamos. Nos escucha, nos aconseja y al día siguiente nos pregunta cómo nos fue (cosa que a veces a la pareja le pasa de noche). Por supuesto, hay encuentros sexuales, pero el enamoramiento empieza mediante contactos mucho más íntimos de espacios y revelaciones mutuas. ¿Podríamos decir que es amor? De inicio quizá no, posteriormente esa cercanía y confianza conducen a experimentar algo como amor, pero no pocas veces al poner tierra de por medio y romper la convivencia cotidiana la relación que pudo surgir simplemente "se enfría". En el sentido opuesto, la separación podría despertar pensamientos y actitudes obsesivas en una persona propensa a desarrollar este tipo de conductas. Ninguna de las dos posturas podría ser definida como de amor, aunque en definitiva se mueven emociones: *"Qué bien me siento conversando con Laura, ella sí me entiende". "Arturo es tan atento conmigo; ya me preguntó cómo sigue el niño de la fiebre y se ofreció a llevarme de regreso para que no llegue tarde."* Éstos podrían ser pensamientos comunes en un caso así.

Muchos pacientes, pretendiendo pasarse de listos incluso con ellos mismos, hacen juegos de palabras bastante inmaduros para buscar una salida "decorosa". Recuerdo puntualmente el caso de una pareja que acudió a terapia. En cierto momento de la sesión surgió este diálogo:

> *— ¿Cómo me pudiste hacer esto? ¿Por qué me engañaste?*
> *— Yo no te engañé, hay cosas que son mías y no tiene caso que te enteres, mira cómo te pones...*
> *— ¿Cómo que tuyas? ¡Éstas son cosas de los dos! Por eso somos pareja y en una pareja siempre son dos, no tres...*
> *— Momento, tú y yo no somos pareja.*
> *— ¿Cómo que no somos pareja? ¿No estamos en una relación de pareja?*
> *— Estamos en una relación, sí, pero nunca especificamos que fuera de pareja...*

Estos "tecnicismos" suelen ser más bien argucias desesperadas para evadir la responsabilidad. Se tiende una cortina de humo para desviarse del tema central; reacción inmadura sin duda alguna.

Tus decisiones

Ya vimos cómo, según la doctora Fisher, *"lo natural es el deseo, la fidelidad es una decisión"*. Concuerdo con ella en este sentido. Es una decisión implícita en un contexto sociocultural donde es la conducta común y esperada por la mayoría en una relación. Como mencioné, de no ser así habría que explicar y negociar las reglas particulares de una relación en tanto difieran de lo común. Eso nos ha quedado claro.

Pero la infidelidad es también una decisión. Tomemos el caso de dos personas en una relación de pareja. Pensemos que una es la encarnación del mismísimo Satanás. Supongamos que a su pareja la trata con desprecio, crueldad y hostilidad. Sería evidente que la pareja maltratada no sería feliz, pero, por alguna extraña razón, no decide terminar esa relación. De pronto, hace su aparición en la vida del "maltratado" otra persona que empieza a cortejarle. La "víctima" piensa: *"Mi pareja me maltrata, no tengo por qué serle leal; esta otra persona me busca, me corteja y es atenta conmigo... ¿por qué no?, tengo derecho a ser feliz"*. Visto así, parecería lógico y justificable para muchos una reacción en este sentido. Pero en realidad no lo es. No hay una reacción "lógica" en este asunto, ni ser infiel es la única forma de reaccionar. Cuando alguien no está a gusto con una pareja tiene infinitos caminos posibles. Puede razonar, quejarse, hacer un reclamo, irse sin avisar, decir que se marcha porque no aguanta más, pedir el divorcio, quedarse y aguantar, quedarse y combatir, denunciarle ante derechos humanos, matarle, enrolarse en el ejército, adherirse a una secta, hacerle brujería o un exorcismo, serle infiel. Cada uno decide lo que cree le funcionará, lo más "lógico" o conforme a las posibilidades que tiene. Pero al final no deja de ser una decisión. ¿Bajo qué "lógica" la infidelidad sería una elección razonable? ¿Qué resuelve en el fondo?

No obstante escuchamos historias y argumentos que tienden a mostrar esto como una consecuencia natural: *"Lo engañó porque la golpeaba", "Le daba mala vida, por eso le puso los cuernos", "Ten un amante y dale una lección a tu pareja", "No tenían sexo y buscó desahogo"*. Parece entonces que se debe culpar a la poca convivencia, escasas relaciones sexuales, soledad, incomprensión, circunstancias, al cerebro, al instinto o los traumas de la infancia, al clima, al día de las madres o a la desalineación planetaria. Cualquier argumento es bueno para justificar la infidelidad. Todo menos asumir que hubo un momento, un pequeño momento en que se debatió entre el "no debo hacerlo" y el "¿por qué no?" y finalmente se tomó una decisión.

¿No sería más conveniente que el infiel eligiera el camino más directo y decir: *"No estoy a gusto y me marcho"*? O que el engañado dijera: *"Esto no es aceptable; tú puedes hacer con tu vida lo que te plazca, pero con la mía no..."* Suena sencillo, ahorraría grandes sufrimientos a largo plazo y cada uno, si lo asume, empezaría su proceso de sanación y recuperación individual. Sin embargo, en la práctica no siempre es tan simple.

Un gran trauma

Ya sea porque invertimos mucho en la relación, hay hijos de por medio o al final aún se ama a la pareja, surgen sentimientos ambivalentes al descubrirse una infidelidad. Por un lado se siente una profunda tristeza, por otro un gran enojo; puede ser una extrema ansiedad y alteraciones en el sueño, estado de ánimo, apetito. Incluso sabemos por un estudio publicado en el *Journal of Sexual Addiction & Compulsivity* en el año 2006, que si las mujeres descubren la infidelidad sexual de su pareja padecen síntomas que concuerdan con los del Trastorno por Estrés Postraumático (TEPT), un trastorno de ansiedad disparado por la exposición a un suceso traumático como asaltos violentos, desastres naturales o accidentes graves, por nombrar algunos. Entonces no es casualidad que muchas personas terminen con un terapeuta tratando de rearmar el rompecabezas de su vida o en tratamiento psiquiátrico, tomando antidepresivos o ansiolíticos.

Por supuesto, vivir una infidelidad desde la perspectiva de la pareja engañada tampoco es sinónimo de destrucción mental y emocional en todos los casos. Factores de personalidad, creencias distorsionadas y mecanismos de afrontamiento deficientes influyen en el impacto que esto pueda causar en la persona. Por ejemplo, hay quien inicia con el *shock* y el dolor por el engaño, pero en el camino descubre que realmente mantenerse en el estado de víctima le resulta conveniente. Me refiero aquí a las ganancias secundarias; ese beneficio que muchos reciben de una situación aparentemente dañina. Estos profesionales de la victimización tienen un argumento válido para estar indignados o decirse víctimas, pero a la vez pueden ser tiranos que esclavizan de por vida al otro por sus "pecados". Me referiré a esto con más detalle un poco más adelante.

La vivencia

Hay distintas fases por transitar cuando una infidelidad empieza a revelarse o está ya abiertamente expuesta. No son fases por las que todos pasan ni se incluyen todas las posibles reacciones. Sólo enumero lo que desde la experiencia clínica observo como patrón común en situaciones como ésta.

1. **La sospecha:** No siempre una persona sospecha que su pareja le es infiel; muchas veces se revela como un balde de agua fría cuando a una pareja, aparentemente honesta, se le descubre una doble vida sexual, emocional o incluso familiar. En estos tiempos ya no es el lápiz labial en la camisa, el pelo en la solapa o las ausencias domésticas inusuales. En el medio urbano hoy son los mensajes de texto y las redes sociales los principales instrumentos para averiguar qué pasa. Este descubrimiento abre la puerta a la verdad o confirma lo que ya se sospechaba. Pero así como no toda infidelidad es sospechada, no toda sospecha es fundada. Muchas veces una pareja celosa ve peligro en todas partes, pues los celos llevan a pensar que el problema no es si la pareja engaña o no, sino cuándo y con quién habrá de hacerlo. Se dice que el celoso se atormenta con la duda, yo digo que con la certeza. Una persona celosa desconfía, persigue y controla. ¿Cómo saber si son celos infundados o genuina sospecha? Es

complicado, pero en general hay dos factores que acompañan a los celos patológicos:

- ◊ Ves señales en todas partes: Se dice que cuando todo es una señal, nada es una señal. Si crees que tu pareja te engaña con todos/as y aprovecha cada distracción para coquetear con quien sea y donde sea, quizá debas considerar el problema de tu lado. Si tus celos son sobre alguna persona con la cual tu pareja tiene un trato distinto, quizá habrá que reunir otros elementos antes de llegar a conclusiones.
- ◊ Esto ya te ha pasado: Si en relaciones anteriores, o incluso durante la niñez, temías que la gente que te amaba te abandonara, tienes experiencias de celos o incluso sufriste infidelidades recurrentes, habrá que revisar con un terapeuta sobre qué base está constituida tu confianza y qué vínculos de apego generas con las personas. Es más probable que seas víctima de una profecía autocumplida (donde tú intervienes inconscientemente para que suceda lo que temes) a que la mala suerte se adueñe de tu vida.

2. **La revelación:** Una vez que ya no hay duda de la infidelidad, la reacción como pareja engañada suele ser de *shock,* enojo, desconcierto y confusión. Por supuesto, tristeza y miedo se presentan de manera secundaria. La pareja entra en estado de estrés y ansiedad. Puede tener una reacción violenta de confrontación, sin importar dónde se encuentren, o posponer el reclamo si es que la autorrepresión es fuerte por cuestiones sociales o con-

veniencia del momento. Hay quien incluso parece no reaccionar de manera aparatosa, pero recopila evidencias adicionales para confrontar sin dejar al infiel escapatoria alguna. Cuando es confrontado el infiel niega todo y sólo asumirá su culpa (si algún día lo hace) cuando la evidencia es contundente:

— *¡Se te cayó el teatrito infeliz, sé que me engañas y sé muy bien con quién!*
— *"Estás loca, ¿de qué estás hablando?*
— *¡Cínico! A ver, ahora dime que no me engañas.*
— *Pues no, no te estoy engañando.*
— *¿Ah no, y entonces quien es Lupe López?*
— *No sé.*
— *¿No sabes? Pues el otro día llamé a tu trabajo y me dijeron que trabaja en tu misma área.*
— *¿Y tú por qué andas llamando a mi trabajo sin avisarme y para qué?*
— *Para cacharte, para eso. ¿Entonces sigues diciendo que no la conoces?*
— *Ah sí, es una compañera, ¿y?*
— *¿Y nada más? ¿Entonces por qué saliste a cenar con ella la semana pasada que me dijiste que te quedabas tarde por un problema de no sé qué del balance?*
— *Yo no salí a cenar con nadie.*
— *¿No? ¿Pues entonces cómo te vieron?*
— *¿Quién me vio dónde? ¡Estás mal!*
— *Si hasta me mandaron foto, mira...*

— *(Silencio mientras observa la foto) Ah, esto fue otro día en una cena que tuvimos los de finanzas para ver cosas pendientes; el que te mandó esta foto seguro quiere que nos peleemos. ¿Quién fue?*

— ¿Los de finanzas? Si en esta foto están solos.

— *Pues seguro la tomaron a la hora que el jefe y Manolo se fueron al baño, ellos estaban ahí. Te digo que quien te la haya enviado lo hizo de mala fe... ¿quién es?*

— ¿Por qué me quieres ver la cara de idiota?

— *¿Y tú por qué estás paranoica?*

— ¿Por qué nunca me dijiste de esa famosa "cena de finanzas"? ¿Cuándo fue?

— *Ya no me acuerdo. ¿Qué, ahora eres de la policía de la memoria y me vas a condenar por no acordarme?*

— No, por eso no, pero sí por esto otro... Mira... me metí a tu celular y le tomé foto a estas conversaciones que no parecen nada más de "compañeros"... ella te dice "Mi vida, mi amor" y que te extraña.

— *¡¿Por qué te metes con mis cosas?! ¡Eso es una violación a la intimidad, no pensé que llegara a tanto tu enfermedad, cómo es posible! Esos mensajes no significan nada... así nos llevamos ella y yo, somos amigos y ya...*

— ¿Y este otro donde te da las gracias por la maravillosa noche y el hermoso regalo y dónde

> tú le contestas que la amas, que es la mujer más maravillosa que existe y fue la mejor noche de tu vida?
>
> — (Silencio…) Ya te dije que no significa nada… Sí, también aprovechamos la reunión para festejar su cumple y pues las copas… ella estaba muy vulnerable y no sé ni qué me contó de una bronca que traía con su hijo, yo la escuché y pues por eso me agradeció…
>
> — ¿Ajá…? ¿¿Y el regalo, y el amor que le dices, qué??
>
> — Le di una mugrita, todos le dimos algo porque ha andado mal, y lo otro pues ya te dije que estaba medio tomado y ya, pero no significa nada, uno tomado dice cosas que no debe, igual para elevarle la autoestima, no me acuerdo muy bien… mañana hablo con ella y le digo que ya no me mande estos mensajes y ya.

Del *"no la conozco"* al *"no significa nada"*, la verdad se revela a cuentagotas conforme los pretextos se diluyen. Sin las evidencias que esta mujer encontró, ¿en qué hubiera parado todo? Seguramente en un *"estás loca, paranoica y enferma".* No con esto digo que el que busca encuentra y corramos a escudriñar el celular de la pareja, pero si el que busca encuentra, es que algo había.

Confirmar una infidelidad puede iniciar un largo camino no sólo en la vida de la pareja, sino en la de cada uno de sus miembros.

3. **La locura indagatoria:** Si la infidelidad existe y el infiel no la reconoce, hará que su pareja desarrolle una gran ansiedad, molestia y una doble sensación de traición. Justo lo que ocurrió fue una violación a la confianza y no la obtendrás generando más desconfianza con nuevos ocultamientos. Se debe entender que la pareja que sufre la infidelidad se siente no sólo engañada, sino estúpida, traicionada y burlada, aunque esto muy pocas veces sea así. En realidad el que engaña casi nunca tiene la intención de lastimar o burlarse de su pareja. De hecho, recordemos que parte del problema es que la persona infiel antepone sus intereses a los de su pareja o de la relación y cuando es infiel lo que busca es evitar que lo descubran y no un: *"Qué estúpida es mi pareja; yo estoy siendo infiel y ni siquiera sospecha nada. Es tan tonta que si me pregunta lo negaré todo y me lo creerá. De hecho la persona con la que salgo no me gusta y no tengo ninguna necesidad ni sexual, ni emocional, ni de ningún tipo. Sólo lo hago por reírme de lo tonta que es mi pareja, ¡qué diversión es estar con este enredo en donde debo engañar y mentir a cada momento!"* No, una revelación así jamás la he escuchado de mis pacientes infieles y si alguien la hiciera, definitivamente el menor de sus problemas sería la infidelidad o los problemas de pareja que eso le acarrearía.

Por otra parte, al reconocer y decir la verdad tampoco hará un día de campo y se desatará en la pareja engañada una gran necesidad de saber: obtener detalles de cómo, desde cuándo, quién es, quién empezó, por qué esa persona, por qué sucedió, qué lugares visitaban, si la ama, si hubo sexo, si alguien más lo sabía. Vendrán conjeturas y preguntas acerca de ausencias en días especiales; se querrá saber si los viajes recientes de verdad eran de trabajo y si las horas extras eran reales. ¿Para qué revelar esa información que tanto atormenta?, suele preguntarse mucha gente, especialmente el infiel. En la cabeza del traicionado, como he dicho, hay muchas dudas y este estado de estrés postraumático lo lleva a actuar por impulso y con gran ansiedad. Como la estructura de certezas sobre la que descansaba la relación está rota, la persona afectada necesita reconstruir de inmediato una base sobre la cual apoyarse. Necesita saber qué pasó, de qué magnitud es el hecho; vamos, hace una evaluación de los daños más allá de lo evidente. Pero sobre todo, y para variar, necesita un poco de honestidad esta vez.

Así que un par de recomendaciones para cada parte en este sentido:

Si fuiste el engañado: Más que derecho a saber tienes una gran necesidad, eso nadie lo niega. Quieres saberlo todo y te vendrán nuevas dudas con cada respuesta al paso de semanas e incluso meses. Evita vivir de conjeturas y apuesta por las certezas, siempre que eso te ayude. Pregunta y llena esos grandes huecos en tu mente, pero ten en cuenta la siguiente advertencia: No te sientas obligado/a a preguntar cada cosa que aparezca por tu mente a cada instante. Analiza tus preguntas y somételas a un pequeño interrogatorio:

◊ **¿Para qué quiero saber esto?**
◊ **¿Una vez que tenga la información, qué espero que suceda?**

◊ ¿Saberlo hará una diferencia positiva en mi proceso?

◊ ¿Tener una respuesta, la que sea, me traerá paz?

◊ Asumiendo que puedes hacerle a tu pareja sólo tres preguntas y nada más que tres, ¿esto que preguntarás vale la pena para incluirlo en esas tres?

Si preguntas por preguntar, si quieres saber más para humillar a tu pareja con la confesión o indagar detalles morbosos acerca de las prácticas sexuales o detalles románticos que tu pareja compartió con su amante, quizá te hagas más daño.

Si eres el engañador: ¿No te gusta cómo suena "engañador"? No te preocupes, a tu pareja tampoco le gusta que le digan "engañada". ¿No me digas que nunca pensaste que todo se descubriría? ¿Cuál era tu plan; decir *"Ups, fue un accidente"*? Escucha a tu pareja, necesita saber. Evita defenderte o justificarte y contesta con la verdad; al final si estás dispuesto/a a responder es porque te interesa reparar la relación, ¿no es así? Y esto no será fácil, porque responderás y pensarás que todo ha pasado, pero seguro vendrán más y más preguntas a lo largo de las semanas e incluso los meses. Es inevitable. Responde sólo lo que sepas, con la intención de sanar y no entres en detalles innecesarios no pedidos. Quizá a tu pareja realmente no le interesan las posiciones sexuales que practicabas con tu amante, incluso si directamente te lo pregunta.

Si no estás dispuesto/a a reconocer, a decir la verdad y buscar a partir de esto un largo camino hacia la recuperación, quizá la relación no valga la pena para ti o tú no valgas la pena para la relación. Si guardas silencio hazlo, pero cerrando la puerta tras de ti.

4. **Intermitencias:** De pronto la crisis más aguda pasa. Ya no hay nada que ocultar (espero), han conversado, hecho preguntas, dado respuestas y sostenido conversaciones. Manifestaron su deseo de seguir adelante e incluso retoman cierto grado de normalidad en el día a día. Perece que todo marcha muy bien, con especial alivio para el infiel.

Un día, de pronto, tu pareja te llama, pregunta dónde estás y muestra desconfianza y molestia. Tú sabes que nada malo ocurre y te lastima su repentina desconfianza; no sabes qué pasó y por qué de pronto se puso así. Parecía ya confiada y ahora de nuevo desconfía y eso ya te cansa. Bienvenidos al mundo del rumiar y los pensamientos intrusos.

Como en todo proceso traumático, la mente de pronto es poseída por pensamientos que surgen de cualquier parte. Ráfagas de ansiedad nos hacen temer lo peor, como si el peligro fuese inminente y buscamos confirmar la sospecha. Se distorsionan los hechos y el tiempo y si, por casualidad, la pareja demora en responder al teléfono "más de lo usual" o hay un "extraño silencio" del otro lado de la línea, serán "señales" de peligro y motivos de gran temor. Como si una intuición mística nos hiciera llamarle justo en el momento en que reincide en su "malévola conducta".

Y no es que la confianza se hubiera ganado y de pronto se volviera a perder; en realidad no se ha recuperado del todo y son más las ganas de creer que la certeza de que todo estará bien. Es un proceso largo y gradual salpicado por estos baches desagradables para ambos. ¿Qué hacer ante ellos? Por un lado conocerlos y entenderlos, pues surgen. Por el otro, indagar si hay algo más (sí, algo más) que la pareja infractora pueda hacer para mitigar el efecto de estos episodios. Quizá no dejar llamadas sin responder o avisar si por alguna razón hay tránsito o algo demorado el regreso a casa. Esto no se hace con el afán de controlar al otro, sino de evitar posibles fugas de confianza con demostraciones de buena voluntad. Ante esto, si eres la persona lastimada, pregúntate: *"¿Hay algo más que mi pareja podría hacer y me ayudaría en esos momentos de duda?"*

◊ **Si tu respuesta es sí:** Díselo a tu pareja. Pídele aquello que te ayude, conversen sobre ello, explícale por qué puede beneficiar la relación y pídele intentarlo. Lleguen a un acuerdo aceptable para ambos. Pero cuidado, si ya hiciste varias peticiones y se cumplieron, quizá es hora de buscar ayuda profesional. Levantar "la cerca cada vez más alto" y que tu pareja esté dispuesta a saltarla por ti, no significa que te quiera más cada vez y quizá un día no pueda o no quiera seguir saltando.

◊ **Si tu respuesta es no:** Entonces la solución está de tu lado. No busques soluciones donde no están. Seguramente la combinación del acontecimiento y tus mecanismos de afrontarlo o estilo de personalidad no se combinaron bien y requieres un psicólogo, psiquiatra o ambos.

5. **La decisión final:** Revelar la infidelidad, establecer acuerdos, cumplirlos, expresar la voluntad de seguir y que todo marche según el plan de recuperación, no garantiza que al final uno, o ambos, quieran o puedan continuar en la relación. Es quizá la decisión más complicada, pues en el proceso se invierte tiempo, energía y muchas expectativas. Es necesario comprender, antes de tomar una decisión en un sentido o en otro, que la relación no será la misma y qué bueno. Si se pudiera, seguro pasarían por lo mismo una y otra vez.

Lo que resulte de este proceso será por fuerza algo distinto, idealmente más sólido, pero sobre todo más consciente: de dónde se está, dónde se quiere estar y de lo que deben evitar en el futuro si desean una buena vida, en paz y al lado de alguien que se ama de manera incondicional.

Si han acordado quedarse para estar bien háganlo, pero no se pasen la vida con uno suplicando sin resultados y el otro atormentando al infinito. Eso es dañino para Ustedes, sus hijos, familiares e incluso la sociedad que lidiará con dos seres resentidos al hacer algún trámite o en la butaca contigua de algún cine.

Si llegaste a la decisión final de manera unilateral, esto es, sin que tu pareja reconozca nada, sin conversar ni llegar a nuevos acuerdos, tu decisión será pasiva: implica decidir "no decidir" y que las aguas tomen su cauce, pero recuerda que el agua toma el cauce más habitual, por el que ha transitado muchas veces. Lo peor es dejar todo al "no pasa nada" cuando ya pasó todo. Si la vida de ambos, tras la infidelidad no trabajada, vuelve a su "normalidad", hazte la siguiente pregunta: ¿Estoy dispuesto/a a vivir el resto de mi vida al lado de un/a adicto/a sin tratamiento, por el amor que le tengo? Ruego que tu respuesta sea no, pero si no es así, más vale que busques quién te haga nuevas tarjetas de presentación donde se lea tu nombre y tu profesión: la de "Codependiente".

Hacia el final del capítulo encontrarán sugerencias para trabajar el tema de la infidelidad de manera más sana. No los sigan al pie de la letra si no funciona para Ustedes, pero de ser así, busquen su propio método; el que funcione.

Palabras finales para "quienes les quede el saco"

Si eres la pareja engañada: Es lamentable lo que ha sucedido, es necesaria ayuda para sanar. Sin embargo, tu pareja no es de tu propiedad ni tú eres su padre o madre para vivir toda una vida regañándole o exigiéndole que haga lo que no quiere. Ambos están en esta relación por voluntad y si como están las cosas no te gustan, debes tomar decisiones. Resguarda tu dignidad, con una salida decorosa o un silencio permanente, pero de nada te servirá el resentimiento para tenerle siempre en deuda. Es verdad, tu pareja cometió un error, pero nadie te pidió lecciones de moral.

Si eres quien ha engañado: Tu pareja no es un paliativo para tus ansiedades ni refugio de tus carencias. Ni una, ni dos, ni tres personas llenan un vacío emocional con el corazón perforado. Cometes una falta muy grave al engañarle y lo hiciste porque tienes un conflicto interno, lo reconozcas o no. Es verdad, ambos están en esta relación por voluntad y tú eres libre de actuar como te plazca siempre que ambos sepan cómo actúas y estén de acuerdo en ello. Es un camino largo y nada sencillo; si crees que vale la pena recorrerlo, si en conciencia hiciste todo lo que pudiste para recobrar la confianza de tu pareja y aún así no puede, quiere o le conviene perdonarte, tampoco eres un asesino serial que merezca un castigo infinito. Deja ya de suplicar, resguarda lo que te quede de dignidad con la salida más decorosa posible o la esclavitud más silenciosa alcanzable.

¿Qué vimos en este capítulo?

- Lo privado es lo que prefieres mantener para ti y si es descubierto sólo causará incomodidad y bochorno: no afectará a nadie más. Lo secreto, en cambio, necesitas mantenerlo oculto por temor a que sea descubierto, te dañe de manera más seria y, además, afecte a terceras personas; en este caso, tu pareja o familia.
- Más que un concepto de infidelidad es importante definir conductas aceptables e inaceptables en su relación, más allá de la forma en que cada uno las clasifique.
- La fidelidad y exclusividad en las relaciones es algo implícito en nuestro contexto sociocultural. No es necesario prometer ser fiel porque se espera en nuestra sociedad. Sostener una relación paralela con desconocimiento de tu pareja es siempre una infidelidad.
- El infiel no te es infiel a ti, sólo es fiel a sí mismo. A sus miedos, experiencias traumáticas, obsesiones o hasta patologías.
- Ser fiel se decide al integrar una relación de pareja. Ser infiel requiere de muchos caminos cuando se es infeliz o se busca el amor en sitios equivocados.

- Una infidelidad ocasiona efectos devastadores como los que causa un trauma, un accidente, asalto violento o desastre natural.
- Podríamos describir al proceso de trabajar con una infidelidad en cinco etapas: sospecha, revelación, locura indagatoria, intermitencias y decisión final.

Ejercicios sugeridos

1. **Preventivo: Definir conductas indicadoras de infidelidad.** Si lees este libro con tu pareja, saquen una copia de la siguiente tabla y llénenla por separado. Si lo haces de manera individual, llénala y busca tres personas que también lo hagan. Al menos una de ellas deberá ser del sexo opuesto al tuyo. Finalmente comparen respuestas. No hay puntuación ni juego de "escrúpulos"; es simplemente reconocer puntos de vista y, si estás con tu pareja, saber conocer qué conductas no convendría llevar a cabo, pues ahora sabes el mensaje que transmiten. En la columna "Sí" anota una letra "I" si lo consideras un acto de infidelidad y una letra "R" si la conducta mencionada representa un riesgo. Si tu respuesta es "No", simplemente pon una marca en la columna correspondiente.

¿Si tu pareja hiciera esto lo considerarías o no infidelidad o actividad de riesgo que podría llevarle hacia una?	¿Infidelidad o riesgo?	
	Sí I/R	No
Que tenga relaciones sexuales con una persona distinta a ti.		
Que cene con una persona del sexo opuesto sin que medie una relación de negocios o profesional y sin que tú lo sepas.		
Que intercambie mensajitos de contenido "cariñoso" o muy familiares a través del celular o redes sociales con una persona del sexo opuesto de la cual nunca te habló.		
Que vea pornografía sin que tú lo sepas.		
Que alguien en el trabajo se le insinúe de alguna forma y no te lo diga.		
Que vaya con amigos a un lugar de *stripers* o bailarinas/es que danzan desnudos entre la concurrencia.		
Que tenga relaciones sexuales con un/a sexoservidor/a donde no hay involucramiento emocional. Algo de una sola vez.		
Que se dé de alta y publique su perfil, con seudónimo, en un sitio de solteros que buscan conocer pareja, aunque luego jure que sólo fue "de broma".		
Que salga a tomar un cafecito con su ex sin hijos de por medio y sin que tú te enteres.		
Que se bese en la boca con alguien.		
Que no te conteste el teléfono cuando le marcas.		
Que descubras que estuvo en una videoconferencia con una persona que no conoce personalmente, al otro lado del mundo, pero ambos se fueron despojando de la ropa hasta quedar desnudos frente a la cámara.		
Tu pareja salió con otra persona a una velada romántica, conversaron largas horas, coquetearon, intercambiaron caricias en las manos y al final se besaron de forma apasionada. Luego de ese encuentro acordaron no verse nunca más. Sabes que nunca hubo encuentro sexual y nunca se volverán a ver.		

Siéntanse libres de sumar sus propios supuestos para enriquecer esta lista. Recuerden, las respuestas que cada uno muestre no representan que uno sea un descarado infiel en potencia y el otro un santo. Significa que cada uno tiene distintos estándares y es importante conocerlos para definir mejor el mundo interior de la pareja o el propio si el ejercicio se hace con otros. Si en particular alguna de las diferencias llama la atención, conversen sobre ellas y dónde aprendieron a clasificar tales conductas como infidelidad, riesgo o no. Esto fortalecerá la intimidad al conocerse más.

2. Si viven una infidelidad descubierta, ofrezco los siguientes pasos iniciales hacia la recuperación.

Es una guía sobre cómo iniciar el proceso de sanar, pero siempre recomiendo la asesoría de un especialista, psicoterapeuta por supuesto, que pueda de manera personalizada acompañarles en este proceso. Un buen psicoterapeuta no deja que sus prejuicios acerca de la infidelidad, del separarse o quedarse interfieran con la objetividad de su trabajo. Hay colegas y pseudocolegas que se ufanan de tener un altísimo, casi infalible porcentaje de recuperación tras una infidelidad. Lamentablemente, en muchos casos la pareja más bien fue empujada a solucionar, con herramientas que concilian por supuesto, lo que tenía una raíz más profunda que la mera infidelidad. Una reconciliación no significa solución y sabemos que muchas veces es más sano separarse que mantener una estadística poco honrosa o guardar las apariencias. Pero eso Ustedes los decidirán durante el proceso mismo de recuperación.

**Guía sugerida para iniciar el proceso
de recuperación**

1. **Honestidad y empatía:** Basta de secretos y engaños. Tu pareja merece la verdad, así que reconoce lo que has hecho, manifiesta tu arrepentimiento, pide perdón y suspende todo acto deshonesto en el presente y en el futuro. Has todo esto sólo si eres honesto. Prepárate a escuchar reclamos y a responder con la verdad muchas preguntas. Cuando me topo con situaciones así en terapia, sugiero a la parte infiel: *"Piensa que cada pregunta de tu pareja no es para saber la verdad; supón que ya lo sabe todo y lo único que quiere es comprobar la honestidad de tus respuestas".*

2. **Evita defenderte o contraatacar:** Quizá te sientas atacado por tu pareja con sus reclamos. No es para menos, recuerda que la lastimaste profundamente. Es posible que, como la confianza se rompió, ahora tu pareja transgreda la confianza espiando, revisando y checando todo; quizá lo hizo durante el proceso de "recolección de evidencias". No lo justifico, pero su ansiedad le mueve a buscar certezas en lo incierto y quizá lo siga haciendo. Si esto es así, evita lanzar una cortina de humo alegando violación de tu intimidad. No olvides que lo descubierto no era privado, sino secreto. Escucha, valida sus emociones y responde con la verdad, nada más.

3. **Cero tolerancia y reconstruye confianza:** En esta parte en especial no puedo ser flexible. Todo contacto con el o la amante cesará de inmediato a cualquier costo. No importa si la relación es laboral, escolar o familiar. Lo que ocurre es grave y nada debería ser más importante para ambos que rescatar su relación. Si esto implica renunciar al trabajo o incluso mudarse, debe considerarse prioridad; no puede haber confianza donde

existe tentación y el otro probó su "debilidad". No esperes que tu pareja, lastimada, te lo pida o exija; se tú quien ofrezca y cumpla como un gesto inicial para recuperar la confianza. También sé puntual al llegar a casa, cumple lo que ofrezcas, contesta cuando te llame, devuelve los mensajes, no hagas cosas buenas que parezcan malas y menos malas que disfraces como "buenas". Responde preguntas acerca de tu rutina cotidiana.

Otro punto de cero tolerancia es hacia una nueva infidelidad. Yo no puedo decirle a nadie cuántas veces debería ocurrir algo así para decir "basta", pero una segunda vez ya sería indicativo de un patrón nada sano en su relación. De verdad, es mucho más simple una salida digna que una nueva batalla o desenmascarar al infiel con familia, compañeros y amigos.

4. **Conserva tu dignidad:** Conozco esposos y esposas que se presentan en el trabajo del infiel a "exhibir" al engañador/a ante el mundo. También los hay que contactan al amante para confrontarle, reclamarle, amenazarle, suplicarle o incluso exigirle detalles de la relación que la pareja se rehúsa a dar. Hacer esto te coloca en situación de riesgo muy seria; la persona que confrontas o cuestionas quizá no tenga ninguna consideración hacia ti, menos ahora que le acorralas para decirle sus "verdades". ¿Qué te hace pensar que una persona que no tiene respeto ni consideración por ti ni tu familia de pronto será honesta contigo? Su arma principal pueden ser verdades a medias y con ellas puede hacerte mucho daño a ti y a tu familia. Claro, no todo mundo es tan ruin, pero las circunstancias no colocan a esta persona en la posición más favorable. No te expongas, el/la amante no es quien te robó a tu pareja, ha sido ésta la que decidió estar con otra persona, ésa o cualquier otra. Por más anuncios en el periódico y redes sociales, tú no

acabarás la infidelidad en el mundo ni ese mundo te tendrá especial consideración por tu caso. Más allá de un momento bochornoso y alguna otra consecuencia para el engañador, mucho de la exhibición y pérdida de dignidad la llevas tú. Los testigos se llevan un morboso espectáculo gratuito y no solicitado. Y al final, ¿eso arregló tu vida o sólo el sabor de la venganza quita lo amargo a tu corazón?

5. **Ir al fondo y buscar ayuda:** Tener voluntad de llegar a acuerdos no basta. Es necesario explorar las raíces de lo ocurrido. Cuál de las razones mencionadas es el origen de esto y qué puede hacerse al respecto. Si no se atienden las fallas de origen hay una alta probabilidad de que algo nada grato vuelva a ocurrir y no necesariamente una infidelidad. En este momento sería muy buena idea un proceso terapéutico. Muchas veces yo recomiendo iniciar procesos individuales para cada uno, pues el paralelo no siempre va al mismo ritmo y cosas distintas deben explorarse. Hay colegas que trabajan de inmediato en un proceso de pareja y los entiendo; no obstante, aunque es verdad que toda infidelidad es un problema de pareja, no siempre se inició a partir de la pareja. Lo que sientan que ayude es lo más efectivo para Ustedes.

6. **Perdonar y decidir:** Una vez puesto en marcha el proceso de sanación, es momento de que los ajustes surtan efecto mediante una espera activa. Es tiempo de ver si los acuerdos se cumplen y alcanzan para seguir juntos. No obstante, el perdón es un tema medular en todo proceso de infidelidad. En el capítulo siguiente me referiré a este tema. Al final tomen decisiones; sientan que no quedó nada por hacer para reparar el daño. Si deciden seguir, les deseo éxito y felicidad duraderos. Si no, les deseo exactamente lo mismo.

CAPÍTULO 7

El perdón

Es un tema que considero medular en una relación de pareja. De vital importancia si es consecuencia de una infidelidad y no menos relevante ante cualquier transgresión de acuerdos implícitos, explícitos o de ofensa voluntaria o involuntaria. No obstante, hay tres cuestiones lamentables alrededor del perdón en las relaciones. Una, el distorsionado concepto que tenemos de lo que es y lo que no es. Dos, su indiscriminado otorgamiento para sacarse culpas, mayores o menores, sin el debido arrepentimiento o reparación del daño. ¡Vamos!, sin la debida conciencia de la magnitud de lo hecho o el impacto en la vida del afectado. La tercera y última, que ahora se quiera hacer del perdón algo exigible y propio de buenas personas: *"¡Qué malo eres, no me quieres perdonar!"*: *"Deja de tener rencor y ya perdona, si no te dará cáncer"*. Entonces, con la amenaza de las llamas del eterno infierno o una terrible enfermedad, empujamos a las personas a perdonar aun si no están listas.

En este capítulo transmitiré mi visión del perdón, lo que creo que es y cómo puede ayudarnos a encontrar armonía y paz sin vernos forzados a hacerlo "para ser buenos". Empezaré diciendo, y seguramente volveré a ello, que mientras no exista evidencia científica contundente en contrario, nadie está obligado a perdonar lo que no quiera, pues el perdón, como la fidelidad y la infidelidad, es una decisión que debe tomarse consciente de lo que se hace y se espera de ella.

Mi significado de perdón

Mi definición al respecto es: "El perdón es un acto voluntario y consciente de liberación personal del significado ofensivo o doloroso conferido a un hecho, así como la supresión del deseo de que el ofensor sea castigado por su falta". Estoy consciente de que esta definición no encierra conceptos irrelevantes y menores. Hablo de redefinir significados y suprimir deseos de venganza (a veces disfrazados de justicia). Algo no muy sencillo de hacer.

Significados y ofensas

Desde la infancia otorgamos significados a cosas y sucesos. Esos aprendizajes provienen de nuestro entorno familiar, social, religioso y ciertamente de los medios masivos de comunicación. Por supuesto, también por casualidad o reflexión concedemos significados personales a algunas cosas, pero los colectivos nos permiten identificarnos con otras personas y nos dan certezas como seres sociales. Por ejemplo, la luz roja de un semáforo indica detenerse y salvar vidas; una persona con hemorragia significa que su vida está en riesgo. Otros hechos, sin embargo, dependen más de la cultura y el tiempo: comer con los dedos será una falta de educación en cierta sociedad y estrato determinado, mientras en otra latitud será no sólo normal, sino hasta adecuado. El mismo hecho, significados distintos.

Las cosas y los hechos tienen el significado que les otorgamos. Desde su propio lado no significan nada. Si la luz roja del semáforo nos detiene es porque, en su momento, gran parte de la sociedad acordó darle significado a una longitud de onda de la luz (rojo), a un objeto construido por el hombre (semáforo) y a la combinación de ambos (señal vial de detener la marcha). Desconocer estos códigos y transgredirlos no libra a nadie de una sanción; es decir, como sociedad debemos identificar los significados comunes. Pero hay otros ampliamente conocidos que no son obligatorios para todos; es decir, su presencia no ocasiona una reacción universal en todas las personas, aunque sí para muchos. Por ejemplo, si extendemos el dedo medio de una mano hacia arriba con los otros dedos flexionados. ¿Qué significa esa seña para ti? ¿Por qué mucha gente reacciona de manera violenta, mientras otros ríen? ¿Y si dicha seña no lleva el significado que tú le otorgas o, si lo llevaba, no se dirigía a ti? Pero pensando que lleva el significado que tú le otorgas y está destinado para ti, ¿por qué reaccionas como si esa señal fuera una fuerza creadora de la realidad y, al manifestarse, causara el efecto que representa?

Por supuesto, hay sucesos que parecen tener un significado "lógico e inequívoco". Una "mentada de madre", por ejemplo. No hay duda de las intenciones ni del significado de quien la profiere en nuestra contra; pero, ¿es eso cierto? ¿Y de serlo, mi madre, su dignidad, prestigio social e integridad física o moral serán disminuidos aun cuando viva al otro lado del mundo o esté tres metros bajo tierra? ¿Y si no le doy significado irreverente al "insulto", modificaré el ánimo del ofensor cuando pienso que su conducta significa que "quiere pasarse de listo" o "me quiere ver la cara de imbécil"?

Ya los griegos nos hicieron ver este fenómeno de las interpretaciones y significados en la palabra; Epícteto sentenció: *"Lo que inquieta al hombre no son las cosas, sino las opiniones acerca de ellas";* opiniones o significados aprendidos.

Si regresamos al dedo medio o la "mentada", pensemos por un momento que no significan lo que decimos (independientemente del significado que le dé el ejecutor de estos hechos). Tampoco pido pensar que significan lo contrario, ni siquiera algo moderadamente grato. Simplemente, que su significado es neutro, una especie de señal o ritual extranjero desconocido por ti. ¿Cómo cambiaría tu reacción? ¿Cómo se modificarían tus deseos de venganza o de que el "infractor" sea "castigado"?

Así, aceptemos nuestra responsabilidad como seres sociales y revisemos la utilidad de nuestros aprendizajes y sus significados, la manera de clasificarlos. Pensemos ahora en un ejemplo más propio de este libro: la infidelidad. Si una persona que dice amarnos sostiene una relación de tipo romántico/sentimental y/o sexual con otra persona, nos provoca una reacción instintiva y emocional, quizá producto de un significado aprendido: "El macho o la hembra de la especie que entra a mi territorio representa una amenaza". Pero a partir de ahí, el resto de los significados son más recientemente aprendidos. Si consideramos la infidelidad como un hecho desagradable, lamentable, trágico, ofensivo, aberrante o asqueroso, reaccionaremos en consecuencia, pues es la categoría que le concedemos. La intensidad de nuestra reacción dependerá de la categoría en que ubicamos el hecho. Los rangos suelen moverse entre lo máximo y lo mínimo de algo. Pensemos que a la infidelidad le damos el significado de "ofensivo"; ahora toca asignarle el rango. Pensemos que aprendimos a asignarle el rango de "lo más o lo máximo..."; el resultado será "lo más ofensivo" o "la máxima ofensa". Por supuesto, la reacción se intensifica.

Entonces, desde mi punto de vista el perdón es necesario cuando otorgamos un significado negativo a un hecho, pero si cambiamos ese significado no tendremos que debatirnos entre perdonar, no perdonar o incluso buscar castigo. La palabra perdón pierde sentido cuando no existe ofensa que perdonar.

¿Entonces todo depende de cómo clasifique el hecho y el ofensor no debe hacer nada?

No tan de prisa. Esto no es una cuestión de blanco o negro. Tu clasificación de los hechos es una parte del asunto, pero el hecho y la intención del otro es la otra. Como mencioné, reclasificar el hecho lo hace emocionalmente más manejable para nosotros, pero además es posible y deseable un reclamo al infractor. Es necesario que sepa cómo nos lastimó y cómo nos sentimos tras su acción u omisión. Necesitamos reiterarle el acuerdo implícito o explícito transgredido y qué esperamos como compensación. También necesitamos dejarle bien claro qué sucederá para volver a confiar y convivir, si es la decisión adoptada.

El ofensor debe asumir las consecuencias de su acción. Este punto quedará más claro cuando hable de lo que el perdón no es.

¿Qué no es el perdón?

Para redondear nuestra comprensión de lo que planteo es importante identificar qué no es para desmitificarlo. Me sorprende la reacción que me han compartido muchas personas al escuchar lo que no es el perdón. Parece que las creencias previas les impidieran perdonar y que al ampliar sus conceptos desmitificando el hecho, encontraran algo liberador. Yo no espero que cause ese efecto en todos, pero sí ayuda.

Perdonar...

No es olvidar: Por más deseos que tuviésemos de borrar de nuestra mente el hecho doloroso, de momento no es viable. Y si lo fuera no sé qué tan conveniente resultaría; si algo positivo nos deja una experiencia desagradable es no pasar por la misma situación. Recordemos que se trata de dar un nuevo significado al hecho, no de adquirir amnesia selectiva.

No es estar de acuerdo con el otro: Perdonar y no buscar para el otro un castigo no implica estar de acuerdo con lo que hizo, ni con sus motivos o intenciones. No somos cómplices de nada, simplemente optamos por mirar los hechos desde otra perspectiva y darles un nuevo significado.

Quizá uno menos malévolo o doloroso para nosotros, pero difícilmente uno positivo o que justifique lo ocurrido.

No es minimizar lo sucedido: Aunque en apariencia parezca eso. Colocar el hecho en otra categoría o en un rango menos intenso, no es minimizar lo occurrido ni nuestro dolor. Es reubicarlo en un área más útil o desde la cual trabajemos con objetividad nuestras emociones. Muchas veces suelo decir a mis pacientes: *"Te parece que lo minimizas porque desde el inicio lo hiciste muy grande, pero en realidad ahora le das su justa medida…"*

No es sinónimo de debilidad: En nuestra sociedad son muy socorridos los mensaje: *"No te dejes"*, *"Que no te vean la cara"*, *"Hazle pagar…"* Cuando alguien opta por el perdón, debido a que ha dado nuevo significado a un hecho, a los ojos de ciertos alborotadores parece débil o "dejado". Nada más lejano de la realidad. Quizá la diferencia fundamental radica en que el "débil" no decide: dice que perdona y sigue permitiendo la ofensa, pues no tiene opción. El "fuerte" perdona, hace acuerdos y si alguien repite la ofensa actúa en consecuencia.

No es negar o reprimir emociones: Nunca hablo de fingir que no pasa nada, de tragarse el enojo o contar hasta 10 para mitigar emociones derivadas de un acto considerado ofensivo. Desde luego, hay enojo, tristeza o desilusión cuando nos han lastimado, es inevitable. La idea es no congelarse en esas emociones sin ningún propósito o función. Todas las emociones son útiles por dos razones: nos adaptan a un suceso inesperado y hacen saber a otros cómo nos sentimos para que simpaticen con nuestro sentir o busquen una solución si son culpables. Por ejemplo, un rostro enojado indica

173

a otro nuestra molestia por lo que hizo y evite repetirlo; una vez enterado y observamos su arrepentimiento, esa cara ya no tiene sentido. Por el contrario, si notamos que no se arrepiente y además repite su acción perjudicial, a la cara de enojo agregaremos otros elementos.

No es algo exclusivo de dioses: *"Errar es humano, perdonar es divino"*, dice un refrán atribuido a distintos autores, como Alexander Pope, pero es de autoría incierta. Me declaro incompetente para afirmar cuál es la categoría para clasificar sucesos de las deidades, o si acaso en ellos cabe rencor o resentimiento. Tampoco si a algún dios realmente le ofenden los actos humanos. No obstante, muchas personas afirman: "No soy dios para perdonar". Quizá esta frase se apoye en algún pasaje bíblico donde se cuenta que Jesucristo, estando en la cruz, pidió perdón para sus torturadores. Aun pensando que ese pasaje sea verdadero, y yo no tendría por qué dudarlo, dejar la exclusividad o el monopolio del acto de perdonar a Dios, no viene en ningún pasaje bíblico que yo conozca. Todos podemos perdonar.

No es hacer justicia: Perdonar no libera al ofensor de la responsabilidad o consecuencias de sus actos. Al perdonar no se hace ni se impide la justicia; de hecho son dos cosas distintas. Yo puedo no perdonar a alguien y aun así esa persona no reciba un castigo por lo que hizo; por otra parte, podría yo otorgar un perdón y exigir la reparación de un daño. Esto también es una gran confusión; hay quien cree: si perdono todo volverá a la armonía. No siempre es así; puedo perdonarte, pero aun así necesito que cambies ciertas conductas si quieres que continuemos nuestra relación. Claro, siempre puedo perdonar y liberar al otro de alguna consecuencia o castigo que en justicia le corresponda; todo ofendido tiene esa prerrogativa.

No implica necesariamente una reconciliación con el otro: Debo reconocer que de pronto soy un observador de la conducta humana en su ambiente natural. Me es muy enriquecedor observar, confirmar y encontrar excepciones a ciertos patrones de conducta humanos ante distintas circunstancias. Y llama poderosamente mi atención los conceptos que en el tema del perdón heredan algunos padres a sus hijos. Pongamos por ejemplo el caso de un niño que se acerca a su madre para acusar a su hermanito de que le propinó tremendo moquete. La madre, sin reparar mucho en las circunstancias y dado que el hermanito chismoso es 11 meses más chico, se dirige al pequeño infractor; tras lanzarle una mirada acusadora y darle un buen jalón de brazo para que se acerque le exige:

> — *No le pegues a tu hermanito, ¿no ves que es más chiquito que tú?, debes cuidarlo y protegerlo porque tú eres el mayor y bla, bla, bla...*
> > — *Pero mamá, él me quitó mi pelota y me escupió en la cara...*
> — *Por eso, ya te dije que no pegues... ahora pídanse perdón y dense un abrazo...* (Los niños se miran con recelo, pero ante la mirada de la señora que les tocó por madre no resta sino obedecer.)
> > — (La mujer, insatisfecha con la sinceridad del acto, espeta): *No, así no... dénselo bien... tú, Miguelín, dile a tu hermanito "perdóname, hermanito, no te volveré a pegar"... y tú, Santi, dile a tu hermanito que no volverás a escupirlo nunca más...* (tras la

> magistral dirección de escena y el preciso guión de la mujer, los niños ejecutan la representación del perdón y la reconciliación en un solo acto y la mujer vuelve satisfecha a sus actividades tras haber hecho "justicia".)

Seguramente los niños, sin la intervención de la mamá, se habrían contentado en unos minutos. Lo preocupante es cómo se obliga a perdonar sin validar emociones, sin atender a los significados y sin estimular la reflexión acerca del acto. El caso es resolver y qué mejor que perdonarse mutuamente.

En el mundo de los adultos la cosa no es tan distinta; ahora la voz de aquella madre se metió en la conciencia y resuena cada vez que tengo enojo o resentimiento por algo. Por un lado temo ser lastimado y, por el otro, me siento mal si no perdono y hago que todo vuelva a la "normalidad". En otro sentido está la instrucción interna de obtener el perdón a como dé lugar y seguir adelante como si nada. Ahora el juego es así:

> —*¡Qué bueno que llegaste! ¿Compraste los boletos para el concierto?*
>> —*Híjole, no pude... es que salí tarde de trabajar y luego mi coche se quedó encerrado y para colmo me quedé sin pila, ni cómo avisarte, ¿perdóname sí?*
> —*¿Cómo?, quedaste hace dos semanas de que lo harías hoy. Y hace rato escuché en el radio que se acabaron en 4 horas.*

— Si, perdóname por favor, te digo que no fue un buen día.

— Está bien, pero no es la primera vez que me lo haces...

— Ya no me digas, me siento mal contigo, caray... ¿De verdad me perdonas?

— Sí está bien... de verdad te perdono.

— Entonces ya quita esa cara.

— ¿Cuál cara?

— Esa que tienes de amargura, ya quítala... A ver una sonrisita...

— No tengo ganas de sonreír, la verdad me puse de malas por esto.

— ¿Ves? No me has perdonado.

— Si, ya te dije que te perdono.

— Entonces hazme una cara bonita.

— Que no tengo ganas ahorita, dame chance, ya se me pasará.

— Ah, ¿es cuando tú quieras? ¿Quién te sientes para perdonarme cuando te dé la gana? ¿Qué, me vas a castigar con tu desprecio o qué?

— No, está bien, ya... ¿así?

— Bueno, ahora dame un abrazo.

El perdón no puede exigirse o forzarse; debe ser libre y voluntario o no se llamará perdón. Si la falta es clasificada como grave, no hay nada malo en otorgar un perdón, pero a la vez declarar que no habrá ninguna relación con el infractor. Así, es posible y normal perdonar y alejarse de manera permanente de la persona que nos ofendió.

¿Imperdonable?

El dilema acerca de perdonar o no una acción ofensiva podría zanjarse si haces una primera división y miras dónde clasificarás el hecho en primera instancia. Por ejemplo, si lo sucedido lo defines como algo imperdonable, entonces sobra invertir energía y tiempo. Por otra parte, si lo clasificas no como imperdonable, sino como algo que tú no perdonaste hasta ahora, entonces todo cambia, se trata de algo en lo que podrías trabajar. Clarificaré algunas diferencias en esto:

Algo imperdonable: Lo imperdonable es, por definición, lo que no se perdona. Incluso pensar que nadie, nunca, en ningún tiempo (pasado, presente o futuro), bajo ninguna circunstancia, perdonó o perdonará. Ante algo así (no incluyo ningún ejemplo, pero no conozco ninguno) lo único por hacer es dejarlo como está; es decir, sin perdonar. Nadie te recriminará por eso, jamás tendrás dudas ni remordimiento si no perdonas algo así. Nadie puede culparte de no devolver a la vida a los muertos.

Algo que tú no puedes perdonar: Aquí la cosa cambia. En esta clasificación caerían actos u ofensas de cualquier índole que en algún momento alguien perdonó, a pesar de su gravedad, pero, por la razón que sea, tú consideras que nunca podrás perdonar. Es una cuestión de capacidad. No hay nada malo o vergonzoso en declararse incompetente para el perdón, pues no todos tenemos los mismos talentos ni las mismas habilidades. Simplemente no argumentes que algo es imperdonable cuando sólo tú no puedes.

¿Es necesario perdonar?

Necesario creo que no; conveniente, definitivamente. Conveniente para uno mismo, para no arrastrar por la vida asuntos pendientes o emociones limitantes. Para no invertir la vida en esperar una venganza o justicia divina que tal vez no llegará al infractor. Nunca es necesario, pero sí deseable.

¿Y si decido no perdonar?

Bueno, no hay acto sin consecuencia, así como no hay acción sin reacción. Si decides no perdonar porque no puedes, seguro te esperará un gélido infierno de resentimiento o rencor el resto de tu vida. Será imposible que interactúes con pensamientos, personas, sucesos o lugares sin revivir emociones y sentimientos de enojo, frustración e impotencia. Incluso ese resentimiento alcanzaría el nivel de rencor, que es un resentimiento endurecido y arranciado. En este último caso ya no importa lo que pasó ni es necesario que lo recuerdes: los sentimientos y emociones limitantes ya son parte de tu vida e incluso para entonces ya habrán modificado tu mente y hasta tu cuerpo. Una persona resentida no será la preferida de mucha gente, por sus emociones, pensamientos o semblante. Pero no cofundamos, ni es garantía de maldad no perdonar ni de bondad hacerlo. No es un tema de juicios. De hecho al no perdonar de alguna manera te estás revictimizando; es decir, ya has sufrido por el acto ofensivo y ahora sufres por tus emociones arranciadas. Nada tiene que ver con la maldad.

¿Cuándo perdonar?

Existen un par de teorías psicológicas aplicables al tema del perdón. Una que aconseja perdonar y la otra que recomienda no hacerlo, al menos de inmediato.

Teoría de la reciprocidad: Dice que si perdonas, creas en el otro una sensación de que algo te debe y por lo tanto tenderá a ser "bueno" contigo porque tú lo fuiste con él. Puede que en su momento también te perdone algo o simplemente del momento del perdón en adelante te trate con mayor cuidado y suavidad. Esta teoría sugiere perdonar lo más pronto posible para restablecer la armonía a través de la reciprocidad.

Teoría del Aprendizaje operativo: Dice que el comportamiento sólo cambia mediante las consecuencias y si perdonas impides el aprendizaje y esa persona te volverá a lastimar. Que si liberas al otro de la culpa a través del perdón estás en riesgo si la relación continúa. Esta teoría recomienda no perdonar tan de prisa y hacer que el otro asuma ciertas consecuencias y tenga conciencia del mal que hizo, pero evite volver a cometer otra infracción.

En realidad parece que la teoría de la reciprocidad suena más "noble", aunque mucha gente dirá por experiencia que no siempre funciona, ¿no es verdad? Pero tampoco condicionar el perdón podría ser siempre lo más adecuado. Si reflexionamos, ambas teorías no tendrían por qué ser mutuamente excluyentes; podríamos combinarlas y aplicarlas en diferentes circunstancias. Veamos.

Perdonar rápidamente: Conviene para ofensas menores o de primera vez. Se debe hacer ver al otro lo que hizo, cómo te afectó y que has decidido perdonarlo (para activar con esto la reciprocidad), siempre que se muestre arrepentido y pida perdón. Si necesitas que el otro haga algo para mostrar que se hace cargo de su falta, pídelo ahora. Si el infractor vuelve a lastimarte podrías pasar a la siguiente modalidad o poner un alto o pausa a esa relación. Como ejemplo encontramos olvidos menores, distracciones, desbordes emocionales en casos extremos, alguna mentira de consecuencias leves, incumplimiento de promesas menores, etc. Por cierto, cuando aquí se habla de sucesos "menores" debe quedar claro que ese calificativo debe partir del ofendido y no del ofensor.

Retrasar el perdón o no perdonar del todo: Esta modalidad quizá conviene para ofensas mayores o reiteradas. Se trata de que el infractor vea su comportamiento y de qué manera eso te ha lastimado. Recuérdale concretamente que ya en el pasado hizo lo mismo (si es el caso), buscando ser específico y dando ejemplos concretos de esto. Dile las consecuencias que tendrá en la relación por su comportamiento; cómo necesitas que se responsabilice de su acción y qué hará para volver a otorgarle la confianza y el perdón. También es necesario aquí hablarle de las consecuencias de no volver a lastimarte o no cumplir sus promesas o acuerdos, no como una amenaza, sino como una advertencia de las acciones que tomarás. En este caso, alcanzados los acuerdos, dense un tiempo para observar que todo se cumple; si no es así, pensar en dar por terminada la relación o tomar distancia. Como ejemplo de esto encontramos infidelidades, insultos, faltas de respeto serias, transgresiones u ofensas menores pero reiteradas, violencia de cualquier tipo, humillaciones, etcétera.

Consideraciones para perdonar

Cada uno tendrá su estilo y tomará el camino conveniente al perdonar. Para quienes necesiten un poco más de guía en este asunto, les ofrezco un pequeño resumen de aspectos que ayudarán:

- **Reconoce tu dolor:** Elabora tu duelo en relación con las ilusiones, creencias o expectativas perdidas.
- **Expresa tus emociones:** Enojo, tristeza, decepción, desilusión o la que sientas. Busca hacerlo además con palabras, diciéndole claramente al ofensor cómo te sientes.
- **Establece tus fronteras:** Busca los mecanismos necesarios para que el otro no te siga lastimando ni chantajeando emocionalmente si es que mantienes la relación. Esto mediante declaraciones firmes o acciones decididas. No se trata de devolver la agresión, pero sí de protegerte si el ofensor no tiene conciencia de su acción.
- **Realiza peticiones:** Es el momento de pedir un nuevo acuerdo de conductas para el futuro. Qué necesitas que el otro haga, o deje de hacer, para que vuelvas a otorgarle tu confianza o procesar tus emociones adecuadamente.
- **Date un tiempo:** Para sobrellevar tu duelo, renivelar emociones y observar que el otro, si ha solicitado perdón y llegaron a acuerdos, en verdad cumpla lo pactado.
- **No te sientas obligado/a a perdonar (al menos de inmediato):** Menos por presiones y chantajes para hacer "como que nada pasó". Recuerda que perdonar involucra otorgar de nuevo confianza al infractor, por eso lleva su tiempo.

Pasos para pedir perdón

Conseguir el perdón de alguien no debe suceder bajo presión, con prisas y menos por exigencia. Generalmente no es tan simple como un "ya perdóname" ni tan rápido si la falta fue grave. Es necesario tener en cuenta que si lo ocurrido es serio, el proceso será largo, nunca es lineal e implica paciencia y trabajo de los dos. Quizá si debes pedir perdón pienses que el siguiente protocolo es demasiado laborioso y no valga la pena. Dos comentarios al respecto. Uno: Es lo menos que puedes hacer tras lastimar a alguien, pedir perdón de manera correcta. Dos: Si este protocolo te parece inadecuado no lo sigas, pero debes elegir otro a cambio. Suelo decir que cuando uno rechaza un método que pueda mejorar o sanar una relación, tiene la obligación moral de proponer otro a cambio. Lo inadecuado es dejar un vacío; decir "esto no sirve" y no proponer el que sí.

1. **Reconoce** lo que hiciste, di que lo sientes y que tu intención no era lastimar.
    ◊ *"Siento mucho haberte mentido, no debí hacerlo, fue muy torpe de mi parte y no quería lastimarte."*
2. **Realiza un inventario** de las consecuencias que tu acto tuvo en el otro y díselas; pregunta si está de acuerdo o hay algo más en que fue afectado.
    ◊ *"Entiendo que el mentirte te hizo sentir enojado, decepcionado y triste, ¿es así? ¿Hay algo más en lo que te haya afectado mi actuar?*

3. **Vuelve a decir que lo sientes**, pero ahora sobre las consecuencias.
    ◊ *"Siento mucho que mentirte te haya hecho sentir de esa manera; lo último que quiero es lastimarte, pero aun así lo hice. Lo siento de corazón."*
4. **Permite la expresión de emociones** dejando que el otro se libere de lo que siente. Resiste en la medida de tu dignidad, pero sin caer en extremos de soberbia o humillación. Deja que el ofendido se sienta escuchado y validado en sus emociones. Quizá te parezca que no es para tanto, pero para el otro sí lo es.
    ◊ *"Entiendo que hables de esa manera; no es para menos tomando en cuenta cómo te sientes…"*
5. **Reitera que tu intención** no fue dañar. Si lo sabes, específica qué buscabas al cometer el acto.
    ◊ *"De verdad no quería lastimarte; no quería que te enteraras de la verdad porque sabía que te enojarías y no me gusta eso, ahora veo que fue un error actuar de esa forma."*
6. **Pide perdón con humildad** y describe tu sentir alrededor de lo que ocurre.
    ◊ *"Te pido me perdones, me siento muy arrepentida y triste por haberte lastimado."*
7. **Especifica lo que aprendiste,** tanto del incidente como de tu conducta.
    ◊ *"No sabía que te sentirías tan mal; ahora comprendo que mentirte te afecta mucho. Creo que es mejor afrontar tu enojo con una verdad que lastimarte con una mentira."*

8. **Pregunta cómo hacerte cargo de tu falta.** Si tu pareja te pide algo, evalúa tu disposición para hacerlo. Si te parece exagerado o humillante, díselo y busquen algo que funcione para ambos.
   ◊ *"¿Hay algo que pueda hacer para reparar mi falta o ayudar a que no te sientas tan mal?"*
9. **Acuerda nuevas conductas,** hablen sobre lo que estás dispuesto a hacer para evitar que eso se repita y hazlo.
   ◊ *"Ofrezco no volver a mentirte."*
10. **Especifiquen juntos las consecuencias** de una nueva transgresión.
    ◊ *"Entiendo... si te vuelvo a mentir no sabes si podrás confiar en mí nunca más..."*
11. **Vuelve a decir que lo sientes y agradece el perdón recibido.** Si el perdón no te fue otorgado todavía, ten paciencia pues la otra persona necesita corroborar la autenticidad de tus nuevos compromisos.
    ◊ *"Muchas gracias por perdonarme, de verdad siento haberte lastimado."*
    ◊ *(Si el perdón no llegó aún.) "Entiendo que aún no puedas perdonarme. Te pido que observes cómo cumplo mis acuerdos y, si está bien para ti, me gustaría conversar nuevamente de esto en un par de semanas. No me gustaría que te sintieras en ningún momento bajo presión..."*

Entiendo que estos pasos parezcan largos e incluso redundantes; no obstante, cuando la falta ha sido mayor son mucho más eficientes que un simple "¿me perdonas?"

¿Qué hacer si el infractor no se muestra arrepentido o no reconoce su falta?

Muchas veces alguien que dice amarnos nos lastima, pero lejos de reconocer su falta o mostrarse arrepentido, niega el hecho o descalifica su gravedad. Esto suele ser desafortunado y de muy mal pronóstico, pues uno no suele arreglar lo que no cree roto. Tampoco invierte uno mucho esfuerzo si no se cree tener una responsabilidad importante en el hecho.

No obstante, necesitamos señales de que lo ocurrido no se repetirá, por eso esperamos que nuestro agresor admita su falta, se avergüence de ella; reconozca el daño hecho y se comprometa a nunca más lastimarnos. Es necesario un acto de conciencia que incluya arrepentimiento y humildad para solicitar el perdón. Si una persona no actúa de esa manera, no será acreedor a él. Entre las actitudes que menos ayudan a perdonar a alguien están en las que el infractor:

- Se rehúsa a responder tus cuestionamientos.
- Los responde, pero no reconoce su falta.
- La reconoce, pero no pide perdón.
- Te pide perdón, pero minimiza el daño causado o piensa que tu reacción es exagerada.
- Es consciente del daño hecho, pero luego dice que si actuó como lo hizo fue por tu culpa.

Sin duda cuesta mucho perdonar a quien nos lastima de manera reiterada o nos sentimos dolidos por lo que nos hizo. Incluso el enojo y la frustración se incrementan por lo que se presupone como cinismo de quien nos ha lastimado. Es verdad, puede ser cinismo o fantasía catastrófica en la mente del infractor, ya que aceptar su responsabilidad será más terrible que asumir las consecuencias de negarlo todo, aun cuando existan evidencias de su falta.

Si el infractor no quiere o puede reconocer su error, o si haciéndolo no muestra arrepentimiento, lo mejor es suspender la relación o al menos poner distancia física de por medio. Esto para evitar que te siga lastimando y tener una postura más objetiva que te permita tomar decisiones. Recuerda, si quien te ha lastimado no muestra arrepentimiento: "Toma distancia antes de perdonar y no perdones antes de tomar distancia".

Siempre recuerda que, como el perdón es una decisión personal del ofendido, no se requiere la presencia del ofensor para perdonarlo. Lo que se reclasifica es lo ocurrido y para eso no se necesita que quien te lastimó esté presente o siquiera se entere de que ves lo ocurrido desde otra óptica. El perdón es benéfico para ti porque te libera y es la simiente para la reparación de una relación lastimada. Si no puede ser lo segundo, siempre podrá ser lo primero.

El perdón ante una infidelidad

He querido dejar este tipo especial de perdón al final dada su delicadeza e importancia. Los pasos no distan mucho de lo ya mencionado en este capítulo, pero se suman algunas particularidades. Por ejemplo, en el caso de una infidelidad el perdón llega como consecuencia final de todo un proceso, como mencioné en el capítulo anterior dentro de mi **"Guía sugerida para iniciar el proceso de recuperación"**. Les aconsejo que, si no lo han hecho, vayan ahora mismo a ella; notarán que consta de seis pasos y el último es "Perdonar y decidir". Es muy importante verificar si han cumplido los cinco pasos previos antes de adentrarse en el proceso de perdonar.

Otro hecho distintivo al que también hice referencia en el capítulo anterior es que el efecto de una infidelidad descubierta puede desencadenar en la pareja engañada síntomas equiparables a los observados en el estrés postraumático. Pensamientos intrusos, alteraciones del sueño, del apetito, *flashbacks* (revivir el suceso), sensación de irrealidad, aislamiento, ansiedad, agitación, cambios repentinos del estado de ánimo, desconfianza, confusión, dificultad para poner en palabras los sentimientos, entumecimiento emocional, problemas de memoria y concentración, por nombrar algunos. Este cúmulo de fenómenos complica iniciar un proceso sano de perdón; es por eso que, especialmente en el caso de la infidelidad, es muy conveniente buscar ayuda profesional para reacomodar todo. No necesariamente una terapia de pareja, sino individual, especialmente si el infractor se rehúsa a recibir ayuda de este tipo.

El perdón en la infidelidad debe sortear otro escollo; la pérdida de la confianza y la caída de la imagen de la pareja (podemos sentir que realmente no sabemos quién es o de qué será capaz después). Recuperar la confianza no se logra con promesas sino con hechos. Restablecer la identidad perdida es imposible; demostramos que somos capaces de algo terrible. Es necesario constituirnos como una persona distinta, posiblemente más sólida, pues lleva más mérito el que siendo capaz nunca lo hace de nuevo, que quien nunca lo hace porque no es capaz. Pero eso también es un proceso muy lento, laborioso y apegado a nuevos códigos de conducta y valores más sólidos. Incluso el infiel se beneficia de este doloroso camino, si sus ajustes son auténticos, al transformarse en una persona responsable y madura.

Como el perdón es una decisión consciente, hacerlo ante una infidelidad nos coloca en una postura dolorosa, pero privilegiada. Hoy debemos decidir si queremos y podemos seguir en esta relación a pesar de otorgar el perdón. Este hecho quiebra el estancamiento rutinario, el de una relación con un vínculo fantasma y nos devuelve la oportunidad de dar un segundo "sí, acepto" mucho más sólido que el proveniente de un estado alterado y poco racional de enamoramiento. Hoy juntos seremos sobrevivientes de una hecatombe emocional. Si lo queremos, estaremos juntos por decisión y no por una mera circunstancia.

Si algo no debe llevar prisa alguna es el perdón por una infidelidad. Ya aclaré que no se trata de esclavizar al otro en una deuda eterna, sino de buscar sanar las heridas como se hace con las físicas: de dentro hacia fuera. Es verdad, tras detener la hemorragia habrá que desinfectar, quizá hacer dolorosas curaciones; luego, se formará una fea y abultada costra que molestará y cuidaremos la herida para que no vuelva a abrirse; eventualmente, la costra se desprenderá para dar paso a una desagradable cicatriz que quizá nos acompañe toda la vida. Es común que el infiel tenga más prisa que la parte engañada, eso se entiende; aun así, es el más obligado a llevar las cosas con calma y suavidad.

Finalmente, otra diferencia sustancial con el perdón común es la reclasificación del hecho. Primero nos liberamos del significado doloroso otorgado a un suceso y, al hacerlo, incluso la necesidad de perdonar se desvanece, pues lo ocurrido se mira más como un hecho de la vida que como un acto malévolo. En la infidelidad generalmente el proceso se altera; aquí las emociones tan intensas impiden un proceso racional que dé otro significado al hecho y se sobrevive día a día. Se otorga un primer perdón, más como una cuestión de fe, para iniciar un trabajo de recuperación y luego dejamos que la vivencia, la convivencia y los acuerdos fertilicen la tierra en la que un perdón más profundo eche raíces. Desde aquí realmente se perdona al paso del tiempo, aunque dicho perdón sea menos vistoso que el previo.

¿Cómo saber si he perdonado de verdad?

Esa respuesta la darás tú. Recordemos que perdonar no es olvidar ni suprimir emociones derivadas de lo ocurrido. Es la reclasificación del hecho, la despersonalización del daño recibido y la mirada más objetiva hacia el ofensor y sus motivos. No es averiguar la verdad, toda la verdad y nada más que la verdad, pues toda descripción de la realidad conlleva limitaciones de percepción, neurológicas y de subjetividad. Siempre conoceremos la verdad del que la dice, asumiendo que no miente ni engaña; la parte de la realidad que algún aparato nos pueda mostrar (como una fotografía que nos muestra una escena, pero nunca emoción, pensamientos y momento anterior y posterior de dicha imagen); como un acto, pero no las intenciones conscientes e inconscientes del ejecutor. Humberto Maturana (biólogo y epistemólogo chileno) afirma: *"Los seres humanos no tenemos los mecanismos biológicos para saber cómo son las cosas"*; concuerdo totalmente.

Quizá debamos entonces escuchar nuestro diálogo interno, hacer consciente nuestro deseo y atender a nuestro cuerpo para saber si el perdón ha sido cosa del pasado y alcanzamos la paz a través de él. La armonía es más silenciosa que el malestar, así que pensemos que una persona que no ha perdonado manifestaría, por ejemplo, algunas señales de ello. En cuanto al diálogo interno (que a veces podría externalizarse), escucharemos una voz interior que diga frases del tipo:

- "¡Qué estúpido/a fui!"
- "¿Cómo pudo hacerme eso?"
- "¿Qué clase de monstruo es?"
- "¡Me la debe!"

Si atendemos al deseo, escucharemos estas frases si no hemos perdonado:

- "Ojalá y se muera."
- "Algún día habrá de pagar."
- "Le deseo el mal."
- "Pero ya tendrás hijos y verás cómo te van a tratar..."

Atender a la vida emocinal implica estar atentos a las señales que nuestro cuerpo recibe de nuestras emociones. Tensión, sensaciones de frío o calor, rubor, ansiedad o gran enojo contenido reflejado en las manos o la mandíbula cuando recordamos el hecho, a la persona o cuando ocurren otros disparadores que traen a nuestra memoria el suceso en cuestión. Aunque insisto, las emociones quedan vinculadas al hecho y no pueden desvincularse, la diferencia reside en la intensidad y tiempo en que lo emocional queda en nuestro cuerpo.

En algunas ocasiones escucho a pacientes víctimas de alguna ofensa o daño mayor o reiterado expresar la siguiente frase en relación al ofensor, incluso antes de declarar su perdón: *"Le deseo que le vaya bien y sea feliz"*. No pocas veces me cuesta entender esta postura, la que respeto sin duda, y frontalmente cuestiono a la persona sobre los motivos o la intención al desear tal cosa para alguien que ha sido tan cruel, aun sin quererlo. La respuesta más común me deja más sorprendido que lo que acabo de escuchar: *"Lo digo porque si deseas el mal para otro, el mal se te regresa"*. Es decir que si no fuera por esta especie de "boomerang" y el temor a padecer una consecuencia, en el fondo se desea el mal al infractor. Debo confesar que, en lo personal, ni mi camino a la beatitud ni mi comprensión profunda de las cuestiones *kármicas* de la vida están desarrollados a plenitud, por lo que yo tengo una frase para casos como éstos y no me coloca del lado del bien ni del lado del mal: *"Que le vaya como le tenga que ir"* y listo, que la vida se haga cargo.

¿Y si definitivamente aun queriendo no puedo perdonar?

En este caso no hay mucho más que pueda hacer por ti a través de este libro. Es probable que el dolor y dimensión otorgada al hecho te impidan darle otro significado, que el infractor haya sido una persona muy importante y la falta muy grande o simplemente no seas capaz de perdonar. Siempre es bueno comparar cómo nos relacionamos con el tema del perdón en el pasado. Si solemos perdonar faltas de todo tipo, incluso después de un tiempo de enojo o desilusión, es probable que entonces sí lo ocurrido en esta ocasión sea grave. Pero si en el pasado te costó perdonar a tu compañerita de banca en el kínder porque te sacó la lengua, tal vez lo sucedido no es tan grave como lo describes. En cualquier caso, yo suelo usar una frase para estos casos: *"Si sientes que no puedes, busca ayuda profesional"*. Necesitas ayuda personalizada.

En el perdón ¿el que calla otorga?

No, el perdón siempre debe ser explícito. Si alguien guarda silencio o no da una respuesta positiva ante nuestra solicitud de perdón, debemos asumir que el ofendido no nos perdonó. Debemos solicitarlo sin presionar. Si aun así el silencio se mantiene o el perdón no llega, tras haber hecho todo lo que consideramos necesario para obtenerlo, es hora de tomar una decisión. Seguir en deuda eterna o decidir que ni esa persona, ni su perdón, ni la relación valen la pena para dedicarle toda una vida de espera. Cada uno decide.

¿Qué vimos en este capítulo?

- El perdón es una decisión personal. Se otorga cuando somos capaces de reubicar el hecho que nos lastimó en un lugar menos doloroso.
- El perdón no se puede forzar ni exigir. No es de "buenos" perdonar como no lo es de "malos" no hacerlo.
- El perdón es un acto de liberación personal que no exime al infractor de su responsabilidad.
- Define si lo que no puedes perdonar se debe a la naturaleza "imperdonable" que le atribuyes o a que no tienes la capacidad de hacerlo.
- Se perdona rápidamente o hasta que nos sintamos relativamente seguros y confiados en que el ofensor no volverá a lastimarnos.
- Seguir un protocolo de pasos para pedir el perdón de alguien a quien hemos ofendido incrementa tus posibilidades de ser perdonado siempre que reconozcas tu falta y actúes con honestidad.
- Si alguien se rehúsa a reconocer su falta o el daño causado quizá no deba ser perdonado e incluso ponerse a salvo implica romper la relación o alejarse del infractor.

- El perdón de una infidelidad es quizá de los más complejos en el transcurso de una relación. Requiere trabajo y tiempo por parte de ambos.
- El perdón siempre es explícito; si el ofendido no otorga su perdón de manera clara y directa, asumiremos que no lo ha hecho.

Ejercicio sugerido

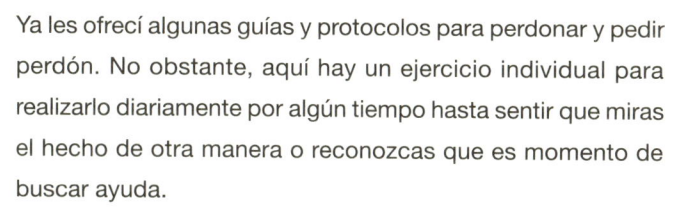

Ya les ofrecí algunas guías y protocolos para perdonar y pedir perdón. No obstante, aquí hay un ejercicio individual para realizarlo diariamente por algún tiempo hasta sentir que miras el hecho de otra manera o reconozcas que es momento de buscar ayuda.

1. Busca un espacio tranquilo de tu casa, de preferencia sentado/a no acostado/a y con la espalda recta. Preferentemente por las noches, dedica al menos 15 minutos al ejercicio.
2. Haz un par de respiraciones profundas, cierra los ojos suavemente y mantenlos así por unos minutos.
3. Ahora imagina que miras una escena desde lo alto de un puente. Es alto, pero no tanto para que no puedas mirar lo que ocurre en el piso. Nadie puede verte, la gente no suele voltear hacia arriba estos días, así que es un lugar seguro donde nadie puede lastimarte.
4. Observa en esa escena a la persona que te lastimó. Mírala actuando llena de ansiedad, ignorancia y muy poca inteligencia. Sé que quizá pienses que "se pasó de listo/a", pero la realidad es que inteligencia fue lo que más le faltó. Recuerda que una persona puede actuar de maneras

inteligentes en un contexto y de formas bastante torpes en otro. Obsérvale llevando a cabo la acción que te lastimó; mira cómo le inundan las emociones y los impulsos, vaya, ni siquiera parece la misma persona; su acción le transforma en otra cosa.

5. Ahora quiero que te observes como si hubiera otro/a tú ahí abajo. ¿Recuerdas que hubo un momento en que no sabías o no podías anticipar lo que vendría?, un tiempo en que pensabas que todo estaba bien y dejabas a tu confianza correr libre y a tus expectativas volar muy alto.

6. Ahora imagina la siguiente escena. La persona que te lastimó, cegada por sus limitaciones y su ignorancia, se acerca torpemente, pisotea tu confianza, golpea tus expectativas. Miras con terror y gran dolor, no esperabas esto y quizá pienses que no hubo razón para que actuara así, pero lo hizo. Actuó sin cuidado, sin prudencia, como un loco. Entra a la escena rompiéndolo todo, lastimándote, pero en su mirada no ves ninguna cordura.

7. Ahora obsérvate retirando tu confianza, recuperando tus expectativas y poniéndote a salvo. No hay tiempo para averiguar nada, aquí importas tú y que no te lastimen más. Retírate a un lugar seguro, puede ser un puente gemelo. Quizá un gran castillo de altas e impenetrables murallas donde las puertas sólo abran para ti o imagina cómo esa persona queda atrapada dentro de un ruedo. Aún actúa torpemente, pero ya no puede lastimarte. Tú estás a salvo, libre de su locura temporal, tú vas a sanar tu confianza y a reubicar tus expectativas en otra parte.

8. Ahora mira cómo ya no tiene ningún poder sobre ti. Ahora tú decides qué hacer, cómo actuar y si perdonarás

o no en el futuro. Estás a salvo y repites en tu interior "ya no me vas a lastimar, ya no me vas a lastimar, ya no me puedes lastimar".

9. Mira ahora cómo el ofensor se aleja lentamente. Se retira cabizbajo/a sobre sus propios pasos, tratando de entender su acción. Se aleja hasta perderse en el horizonte. Entonces tú, tus expectativas y tu confianza vuelven a ser libres para decidir dónde habitar. Mírate haciendo cualquier ajuste necesario para sentir más confianza y seguridad, es natural que haya nostalgia por el pasado y por la relación perdida, aunque fuera de manera temporal; eso es perfectamente normal; sin embargo, quédate con la satisfacción de recuperar tu libertad y tu dignidad.

10. Puedes repetir esta visualización dos o tres veces más en cada sesión. Al terminar, ponte de pie, lava tus manos y tu rostro con agua fresca y un limpiador suave, y al mirar correr al agua hacia el drenaje, observarás que con esa espuma se limpia tu cuerpo de toda contaminación que no te pertenezca.

CAPÍTULO 8

¿Hay luz al final del túnel?

Hemos recorrido juntos algunos de los elementos que considero más importantes en una relación de pareja. Es verdad, hay mucho más por hablar y reflexionar, pero los considero esenciales para el desarrollo de una relación sana y los que más tienen que ver con la persona en su individualidad. Cada uno es elemento fundamental de la relación de ambos; de ahí la importancia del buen estado de todo lo que se deposita en ella. Saben bien que por adecuada que pueda ser una receta, si algo de lo que se agregue está "descompuesto", todos terminarán intoxicados.

Por supuesto; los hijos, la familia política y el dinero son también temas muy importantes, pero asimismo más externos. Espero tener oportunidad en el futuro de abundar en ellos para Ustedes.

Como ya vimos, seguir juntos implica, además del amor, responsabilidad y compromiso. El compromiso como decisión, igual que la fidelidad o el perdón en su caso. Siempre decisiones conscientes, siempre la voluntad por delante de la emoción, o al menos al lado de ella. Se requiere estar aterrizados no sólo en el aquí y en el ahora, sino también en el momento futuro, anticipar las consecuencias de nuestros actos y decisiones. Es hacer de nuestra relación algo deseable, un lugar al que queramos volver una y otra vez por el resto de nuestra vida, si es lo que realmente queremos.

Una relación de pareja no es para sufrirse, sino para disfrutarse. Sé que algunos temas abordados en este libro les parecerán extraños o un tanto artificiales al ser llevados a la práctica; se supondría que las relaciones deberían ser más espontáneas y naturales, pero no todo lo espontáneo y lo natural es por definición lo más adecuado; no cuando no se hace de la manera correcta. La idea es que reflexionen en pareja, o de modo individual, en lo que juntos leímos y conversamos a través de estas páginas. Que se den oportunidad de tomar mis palabras como una semilla que haga florecer en Ustedes nuevas ideas, nuevas propuestas que de inicio serán como todo: no tan ágiles ni familiares, pero al cabo del tiempo, con la práctica, se harán nuestras y serán algo natural y fluido.

Ya comprendimos cómo una relación está llena de claroscuros. Quizá empecé más por la claridad y fui cerrando con aspectos tan complejos como la infidelidad; sin embargo, todo es parte de lo mismo. Despojémonos por un momento de los conceptos de lo bueno y lo malo para asignar a los hechos de la vida el adjetivo de "cosas que nos gustan y cosas que no nos gustan"; "cosas que esperábamos y cosas que no imaginábamos que sucederían". Es verdad, hay acciones que nos parecen tan contundentes que dejan efectos negativos no solamente en quien las padece, sino en quien las ejecuta al asumir las consecuencias de sus actos. No obstante, recordemos que todo suceso o acción carece de significado, somos nosotros quienes se lo asignamos a lo que consideramos más útil.

Sin embargo, no debemos esperar a que una relación truene para intervenir en ella, quizá sea demasiado tarde. Es cierto que muchas relaciones tienen una "muerte súbita" producto de un hecho traumático como una infidelidad o la violencia, pero el deterioro gradual resulta igualmente devastador y mucho más desgastante. Celos, desprecio, críticas constantes y lucha de poder corroen la confianza y las bases del amor. Es como caminar por un túnel oscuro, frío y cada vez es más estrecho. De pronto ya no cabemos los dos y cuesta trabajo respirar. *"Como una muerte en vida"*, le llaman algunos de mis pacientes. Un estar sólo por estar, por hábitos y rutinas que remplazan al amor.

La luz no suele llegar por arte de magia y es muy arriesgado saber si la habrá al final del túnel. Es necesario retomar el camino, encontrar dónde dimos una vuelta equivocada o arrojar luz sobre la oscuridad con acciones que reparen el daño y sanen la relación. El reciente tema del perdón es una estupenda vía para ello.

Por supuesto, también realizaremos tareas preventivas y por ello dedicaré este último capítulo a otros aspectos relacionados con la Psicología Positiva y complementarán lo expuesto. Temas como gratitud, admiración e inspiración que reparan y previenen deterioros mayores. Este capítulo no lo cerraré con un resumen ni con un ejercicio, sino con una sección de preguntas y respuestas comunes que la gente suele hacerme en terapia, en algún taller o mediante las redes sociales mientras estoy en un programa de radio. Considero que esas preguntas reflejan muchas de nuestras dudas y quizá encuentren también respuestas.

La gratitud

Pensando en la definición de gratitud como estimación y reconocimiento de un favor o bien recibido, nos damos cuenta que en la gran mayoría de las ocasiones, cuando mostramos gratitud hacia nuestra pareja, lo hacemos como una reacción inmediata a una acción determinada. Esto me parece algo muy valioso y deseable. Llamémosle la gratitud mínima que otorgamos a nuestra pareja.

No obstante, hay otra gratitud quizá más profunda y de mayor impacto. Me refiero a la gratitud como actitud. Sería más como decisión consciente de encontrar cosas o acciones cotidianas en la relación y que agradecemos a nuestra pareja. Los buenos días, el beso de despedida o dormir abrazados.

Hacer esto tiene un valor agregado, porque no solamente seríamos conscientes de cuántas cosas a nuestro alrededor podríamos agradecer, y muchas veces pasan inadvertidas; también reconoceríamos a nuestra pareja por ser parte de lo que hace de nuestra vida algo digno de ser agradecido. Todos necesitamos puntos de referencia para saber si lo que hacemos es adecuado y surte efectos positivos en nuestra relación. Si no recibimos retroalimentación de nuestra pareja, nos costará trabajo apreciar el resultado de nuestro esfuerzo y quizá nos sintamos desmotivados. Por ello es muy importante que la gratitud sea manifiesta, explícita y evidente. Si tomamos la raíz más antigua de la palabra, que es *Gracia (gratia)*, encontraremos que significa "alabar en voz alta". Gratitud entonces sería la cualidad del *Gratus:* "El que da gracias o alaba en voz alta".

En muchas ocasiones sentimos gratitud hacia nuestra pareja, pero no se lo decimos. A ésta la llamaríamos una gratitud como sentimiento; es duradera y se deriva del actuar de la persona respecto a nosotros, pero permanece ahí, encerrada en un sentimiento, revistiendo algunas de nuestras conductas. Esto también es loable, pero sin hacerla manifiesta, no hay vínculo entre acción, sentimiento y gratitud. También existe la creencia de que nuestra pareja debería saber lo agradecidos que estamos con ella. Al final, nuestra conducta es un reflejo de esto, pero debo insistir en que es muy importante hacérselo saber de manera explícita; al menos usando la palabra "gracias" seguida del motivo por el que se agradece. Dicho sea de paso, si agradecemos con regularidad y especificando actos o situaciones concretas, se crea un clima favorable en la relación donde la felicidad se hace más presente, siempre que exista la reciprocidad. Ejemplos de gratitud sobre actos específicos podrían ser:

- "Gracias por estar a mi lado cada mañana cuando despierto."
- "Gracias porque siempre que llegas de trabajar vienes con una sonrisa para mí, aunque a veces sé que tu día ha estado pesado."
- "Gracias por apoyarme cuando me siento abrumado por los problemas. La paciencia que me regalas es invaluable para mí."

Si lo analizamos, la gratitud de estos ejemplos no es reacción a un acto específico, sino más bien a un conjunto de actitudes o sucesos que se dan, están ahí y al agradecerlos se hacen más valiosos e importantes en la relación. Sin duda la fortalecen.

La admiración

Otro elemento que también deberíamos manifestar en nuestra relación es la admiración por nuestra pareja. Sé que doy por sentado que la hay, por eso mi preocupación es manifestarla. Si no la hubiera, si nada admirable hay en una pareja hay un riesgo muy grande de inestabilidad en la relación, pues ya no sería enteramente simétrica, sino complementaria (admirador–admirado). Peor aún, si no hay admiración de parte de ninguno de los dos, la única pregunta posible es: ¿qué hacen juntos?

Se puede admirar a una persona no sólo por sus grandes o pequeños logros, sino por alguna cualidad de su personalidad (sentido del humor, paciencia, etc.), algún talento (ágil para las operaciones aritméticas, tener visión para los negocios, etc.) o un rasgo físico (ojos, cuerpo, sonrisa, etcétera).

La admiración en este caso se manifiesta de manera explícita; haciéndole saber a la pareja que se le admira, y por qué, y también de forma implícita, escuchando y validando sus ideas, proyectos e intereses. No se trata de estar siempre de acuerdo, sobre todo cuando lo propuesto no es algo en lo que estés enteramente de acuerdo, pero sí al menos escuchar, indagar y exponer tus objeciones siempre de manera constructiva y propositiva. Les presento dos formas de hacer esto; la adecuada y la inadecuada:

✗	✓
– Mi vida, me gustaría poner un negocio. Ya ves que he estado últimamente asesorando a compañeros del trabajo con esto de las computadoras y yo creo que es algo que puede crecer. – ¿Qué, pero tú qué sabes de eso si tu estudiaste contaduría? – Si ya sé, pero ya ves que se me dan las máquinas y los gadgets. – Una cosa es que sea un hobbie y otra muy distinta que ya quieras poner un "negocio" de eso. ¿Con qué dinero o qué? – Ya hice cálculos y no se necesitaría tanta inversión en realidad… – Y tú trabajo, ¿a poco me vas a salir con que vas a renunciar? O lo vas a hacer en tus "ratos libres" y entonces ya nunca podremos salir ni al cine ni a nada. ¿Sabes qué? Eres muy egoísta… – Obvio no voy a renunciar y sí, es verdad que ocuparé algunos tiempos libres, pero conforme crezca iré buscando ayuda… – Mmmmmmm… ahora hasta empleados quieres tener. Eso es un lío y siempre acabas mal. O te roban o te demandan y luego vas a querer que yo te saque del apuro. Mira, quítate ya esas ideas de la cabeza y sigue jugando a las compus, pero así nomás de jueguito, ¿sale?	– Mi vida, me gustaría poner un negocio. Ya ves que he estado últimamente asesorando a compañeros del trabajo con esto de las computadoras y yo creo que es algo que puede crecer. – Órale, suena padre ¿y sí le sabes bien a eso? – Pues ya ves que se me dan las máquinas y los gadgets, además me puedo ir preparando.. – Pues qué bien, ¿y cuál es el plan de negocio y eso? – Ya hice cálculos y no se necesitaría tanta inversión en realidad… – ¡Qué bien! ¿Y no va a interferir con tu trabajo? También me preocupa que te satures o tengas que sacrificar horas de sueño. – Ya lo pensé y empezaré haciendo cosas pequeñas en ratos libres. Eso del sueño no lo había pensado, pero gracias por preocuparte. Tampoco quiero descuidar nuestra relación. Tengo pensado buscar ayuda si el negocio crece. – Eso está muy bien, así no te saturas, pero bueno, eso de los empleados es más a futuro, por ahora me da mucho gusto tu idea, parece que lo has pensado muy bien como siempre. Si en algo te puedo ayudar por favor dime.

Usamos casi la misma cantidad de palabras y la misma energía para decir una cosa o la otra. No se trata de no expresar las preocupaciones, pero como ya vimos, es mejor hacerlo de manera constructiva.

En diversos espacios he sostenido que uno siempre debe ser el mayor fan de su pareja. No quiero decir que no se pueda manifestar la admiración por otras personas o personajes, pero sería muy desafortunado que tu pareja no estuviera en los tres primeros lugares o no figurara en la lista.

En parejas con hijos el cariño y la admiración por el logro de los pequeños acapara las horas de convivencia. Por supuesto, es un orgullo para ambos que los retoños ya sepan las vocales, pero cuando toda la admiración gira en torno a temas distintos a los de nuestra relación de pareja, la cosa no acabará muy bien.

Por supuesto, estoy consciente de que hay cosas que tu pareja hace o tiene que no te gustan tanto, seguramente ella piensa lo mismo de ti. No es un objetivo tapar el sol con un dedo o mentir cualidades inexistentes o que no apreciamos. La misión es acentuar los talentos y reubicar los "defectos" (entiéndase por defecto aquello de tu pareja que preferirías que no tuviera o no te gusta) para vivir con ellos o llegar a un acuerdo recíproco acerca de los ajustes que cada uno quisiera tener en la relación.

¿Recuerdan cuando hablé del romance y los actos románticos en el capítulo inicial? Bien, siguiendo esa idea, sería bueno indagar si para tu pareja tener su foto en un portarretratos en tu oficina o de fondo de pantalla en tu celular es un signo de admiración. Y por favor, no uses excusas filosóficas para justificar cualquier error en este sentido. No te ayuda en nada un *"no seas superficial, no pongo tu foto en el teléfono porque mi admiración por ti es muy íntima y desde el alma, por lo que no requiere de expresiones superficiales que..."* ¡Basta!, pon esa foto o confiesa que te da pena con tus amigos porque te hacen burla en la oficina o algo por el estilo...

La inspiración

Cuando hablé del poder, anteriormente también me referí a la competencia en una relación de pareja como fuerza destructiva. Cuando nos sentimos amenazados por los logros de nuestra pareja difícilmente podremos manifestarle admiración e incluso sabotearemos sus victorias. Como si al lograr menos mi pareja yo lograra automáticamente más.

Una señal de madurez personal es alegrarse y enorgullecerse con los logros de la pareja. Lejos de ser fuente de envidia o celos, lo más afortunado es que esos logros sean inspiración; no necesariamente para hacer lo mismo, sino para alcanzar metas mayores. La perseverancia y la dedicación son inspiradoras, pero también el éxito y el reconocimiento.

En una buena relación de pareja no sólo ayuda ser inspirado por la pareja, sino inspirarle también a moverse en la dirección que desee y le haga crecer como persona. A veces creemos saber el camino "correcto" y vamos "orientando" a la persona amada por la senda del "bien" a través de nuestra "sabiduría" y "amplia experiencia" de la vida. (Léase el párrafo anterior como : *"A veces creemos saber el camino correcto y presionamos a la persona amada a transitar por la senda que creemos indispensable seguir, a través de nuestra necedad y alguno que otro acierto que tomamos como experiencia de la vida".)* Inspirar era el rol que tenían las musas en la mitología y servía de preámbulo a las más grandes creaciones humanas. ¿Se imaginan a cada uno convirtiéndose en la musa inspiradora del otro? ¿Cuántas cosas no podrían lograr con esa fuerza creadora multiplicada?

Ser dos siendo cada uno

Un gran acierto y una tarea magistral en una buena relación de pareja es mantener la individualidad sin perder de vista el conjunto. Generar la unión y la armonía sin fusionarse ni diluirse el uno en el otro. Esto puede alcanzarse siendo conscientes de las diferencias y considerando que el acuerdo más grande en una relación es no siempre estar de acuerdo con el otro, algo perfectamente normal. Como ya mencioné, la influencia recíproca y la inspiración llegan como consecuencia y no como objetivo a perseguir. El respeto al otro es pieza clave.

No obstante, a pesar de sabernos seres individuales y autónomos, queremos sentirnos parte de algo mayor, integrados en un todo del cual formamos parte. Para ello hay un inicio muy simple a practicar entre Ustedes: Hablen en plural.

No son sólo tus hijos cuando se portan mal, ni sólo mis hijos cuando se portan bien. Son nuestros hijos. No es *"qué vas a hacer para que te obedezcan"* es *"cómo haremos para que te obedezcan"*. Ante cualquier problema no es un *"cómo le vas a hacer para resolver esto"* sino un *"cómo le haremos para resolver esto"*. Alegrías, preocupaciones, logros y tristezas; momentos buenos y no tan buenos deben ser compartidos con una sensación de inclusión y pertenencia. Dicho sea de paso, hacer esto también incrementa la confianza en la pareja dentro de la relación, pues me hace sentir que no estoy solo ante lo que pueda surgir.

Hazte cargo

He dicho que en una relación de pareja, no todos los problemas surgen a partir de la pareja. Mucho es lo que cada uno trae como parte de su infancia, niñez e historia de vida. Expectativas, sí, pero asimismo muchos bloqueos emocionales y heridas por atender. Es conveniente hacer conciencia de que tu pareja no es el doctor o el terapeuta que te sanará. Tampoco repara baches emocionales ni lubrica corazones oxidados. Tu pareja tiene lo suyo y cada uno debe hacerse cargo de lo que le corresponde. Lo ideal es que esto fuera antes de la formalización de su relación, pero como mucho de lo que ocurre es inconsciente, y otro tanto sólo se manifiesta cuando estamos en una relación cercana, no resulta sencillo identificar lo que podría afectar la interacción entre ambos.

Sin embargo, acercarse al consultorio de un terapeuta de manera preventiva sería de gran ayuda. Puedes pensar cuál ha sido la queja más común de otras parejas en el pasado, qué patrones se repiten en tu relación (y que atribuyes a la mala suerte) o qué te tiene más insatisfecho en el amor; aquello que sientes que nada más no llega a tu vida. Por supuesto, una radiografía de las relaciones con tus padres y tu historia de vida darían mucha luz en esto.

Pero si Ustedes, como muchos, ya están en una relación y vacían su costalito sobre el otro, nunca es tarde. Ambos deberían estar dispuestos a hacer lo necesario para no dañar al otro con su carga personal. Muchas veces por un acto defensivo o simplemente porque no lo considera necesario, tal vez alguno de Ustedes rechaza la terapia de pareja. Si bien sería algo afortunado, no es el único camino. Si sólo uno está dispuesto, busque ayuda individual.

Pero he aquí un mensaje para el que sea más reacio de Ustedes en este sentido: Un terapeuta no es un amigo con el que vas a tomar café y le cuentas tus penas; la terapia no es un ritual místico o religioso en el que debes "creer" y tanto la terapia tiene fundamentos científicos como los terapeutas serios, entrenamiento especializado; es verdad que no obran milagros, pero tampoco tienes autoridad para decir que "no sirven" cuando está fuera de tu competencia emitir ese juicio. Puedes rechazar el ofrecimiento que tu pareja te hace de buscar ayuda, lo que no deberías es no ofrecer una solución alternativa que creas más efectiva y mejor que visitar a un profesional. Por cierto, negar que algo pasa o pretender que sin hacer nada todo se arreglará es una de las respuestas más inmaduras que una persona puede dar.

Evalúen su relación

Cuando se dejan las cosas a la fuerza del tiempo, cuando uno mira ya todo cambió. Es muy conveniente establecer reuniones de pareja para evaluar la relación. No debe suceder algo grave o inusual; sería una conversación programada con una fecha preestablecida y acordada por ambos. Un espacio donde se establezca el compromiso, y como tal se respete; sentarse a evaluar cómo van, qué podrían mejorar y qué propuestas creen que ayudarían.

Si me lo preguntaran yo diría que una evaluación trimestral, semestral o de menos anual sería maravillosa. Podrían ir con las estaciones del año y al inicio de cada una hacerlo:

marzo y septiembre o a la mitad del año. ¿Hacerlo en diciembre? No lo sé, a muchas personas esas fechas no les vienen bien y puede haber estrés por todo lo que conlleva, pero si eso les funciona adelante. Sólo no lo hagan hasta el día del juicio final o esperen a que Saturno y Venus estén en Libra; podría ser un poco tarde.

Con esto termino el libro pero no todo lo que hay que decir respecto a una relación de pareja. En futuros trabajos, así como en los medios de comunicación y en mi espacio www.marioguerra.mx, abordo muchos y variados temas relacionados con el comportamiento humano, una de mis pasiones en la vida que también es mi profesión. Tomen de este libro lo que les ayude; lo que no, simplemente déjenlo ir.

Preguntas frecuentes

Finalmente ofrezco algunas preguntas comunes en talleres, programas de radio y hasta reuniones sociales cuando me reconocen. Creo que es parte de este trabajo y las recibo con mucho cariño, pero sólo devuelvo respuestas muy generales cuando son asuntos muy comunes. Por lo tanto, las respuestas que verán no deben tomarse como un consejo a seguir ciegamente y sí como una opinión de alguien que se dedica a trabajar con las personas.

1. ¿Cómo saber si necesitamos terapia de pareja?

Ya plantear la pregunta indica alguna razón. Es un poco como el auto: ¿ya debería llevarlo a servicio? Si sientes algo raro o por kilometraje ya "le toca" es buena idea hacerlo. Una relación no siempre acaba por un acontecimiento crítico, a veces la monotonía o el resentimiento acumulado hacen un trabajo más lento pero igual de destructivo. Insisto, que la pregunta surgiera es signo de que quizá "ya les toca".

2. Mi pareja ya no es tan romántica como antes. ¿Ya no me quiere, qué puedo hacer?

Quizá te quiera, supongo que sí. Las relaciones empiezan con detalles románticos que al paso del tiempo se dejan de lado. Pregúntate si te enamoraste de cómo era, no de quién es, y ajusta un poco tus expectativas sin dejar de hablar del tema con tu pareja. Más que decirle que ya no es tan romántico/a como antes, dile una o dos conductas concretas que te hacen sentir que eso está cambiando. Hablarlo siempre es el inicio más sano.

3. ¿Se puede perdonar una infidelidad?

Se puede, por supuesto. La cuestión es si tú o tu pareja están dispuestos a transitar por ese duro camino.

4. Fui infiel a mi pareja, hablamos, me perdonó y quedamos en intentarlo, pero cada vez que puede me lo echa en cara y siento que desconfía, ¿qué hago?

Si ante tu pareja y de manera expresa reconociste la infidelidad, el daño que hiciste, pediste perdón y has cumplido en suspender conductas sospechosas para tu pareja y, por supuesto, no estar cometiendo actualmente otra infidelidad, habla y dile lo duro que te resulta vivir en ese clima. Si tu pareja responde que no sabe por qué reacciona así, quizá sea hora de buscar terapia de pareja para diagnosticar qué pasa. Sin duda hay algo pendiente.

5. Mi pareja me fue infiel y siento que no puedo volver a confiar, pero le amo ¿qué hago?

¿Tienes razones para desconfiar en este momento más allá de lo sucedido? ¿Hay algo que podrías hacer para recuperar la confianza de manera más sólida? Si respondiste sí, háblalo con tu pareja y hazle saber tus inquietudes y/o peticiones. Pero si sabes que tu pareja se mostró arrepentida, consciente del daño, te pidió perdón y aun así desconfías, te recomiendo terapia individual para ti. Especialmente si tienes un historial de desconfianza hacia las personas importantes de tu vida.

6. ¿Verdad que el que fue infiel una vez siempre lo hará?

No siempre. Puede hacerlo, pero no siempre. Si ha sido infiel más de una vez dentro de esa misma relación, necesita ayuda profesional o abandona esa relación.

7. ¿Qué hago si mi pareja nunca quiere hablar de temas importantes?

La forma en que te acerques a hablar de esos temas es fundamental. Frecuentemente quien hace el reclamo lanza muchas acusaciones o revive temas del pasado que generan esta conducta. Por otra parte, un historial personal de discusiones o regaños en la infancia quizá le condicionen a actuar de manera defensiva. Toma un asunto a la vez, evita las acusaciones y empieza de modo informal, no con un "tenemos que hablar". Si no funciona, quizá deban buscar ayuda profesional.

8. ¿Qué hago si mi pareja constantemente me fastidia con que estamos mal cuando yo digo que estamos bien?

Es evidente que alguno de los dos tiene razón y el otro una distorsión en la percepción. Ya que tú me haces la pregunta, presumo que eres el más flexible de los dos. Proponle terapia de pareja para ayudarse en el tema. Así, si no están mal, un terapeuta experto se los dirá abiertamente y asunto arreglado.

9. ¿Cómo decirle a mi pareja las cosas que me molestan sin que se enoje?

Te entiendo, esta reacción es muy común en algunas personas que no manejan muy bien las críticas, comentarios o sugerencias por sentirse atacados o vulnerables. No le digas tanto lo que te molesta, sino lo que te gustaría que pasara. Por ejemplo, en vez de decirle: *"Me choca que nunca hablemos",* puedes decirle algo como *"No sabes cómo me encantaría que platicáramos más…"*

10. Soy muy celoso/a, ¿qué hago?

En general buscar ayuda profesional es la primera opción. Sin embargo, hazte la siguiente pregunta. ¿El tema de los celos ha sido recurrente en las relaciones de mi vida o nunca me había pasado y estoy celoso/a a partir de esta pareja y en ciertas circunstancias específicas? Si estás en el segundo supuesto, observa qué hace tu pareja en esos contextos que te hace sentir mal y convérsenlo. Pero si ha sido tema de tu vida, ve a terapia.

11. Mi pareja y yo hemos hecho algunas cosas que propones en el libro o en la radio, pero la verdad yo siento como que no es natural y me llego a sentir tonto/a o ridículo/a con algunas de las cosas. ¿Qué hago?

Es verdad que algunos de los diálogos o propuestas no son familiares para mucha gente. Cuando uno está habituado a formas disfuncionales de comunicación, al peso del tiempo parecen normales. Es perfectamente entendible que al inicio todo sea como "raro", pero al paso del tiempo se incorpora lo propuesto como lo cotidiano. Dense la oportunidad.

12. Mi pareja me dijo que ya no me quiere y se marchó, ¿cómo hago para recuperarle?

— ¿Y para qué quieres recuperar a alguien que ya te dijo que no te quiere?

— Es el padre de mis hijos.

— Entonces lo que quieres no es una pareja, sino al padre de tus hijos.

— Es lo mismo.

— No; es el mismo, pero no es lo mismo.

— Bueno, como sea, yo lo quiero de vuelta, ¿qué hago?

— Ve a terapia.

— ¿Y con eso vuelve?

— Tú sólo ve a terapia, ¿ok?

13. Mi pareja no quiere ir a terapia juntos porque dice que no cree en eso. ¿Cómo le convenzo de ir?

No puedes. Probablemente tu pareja no quiera ser convencida, en principio porque confunde la terapia con un acto de fe. Pero no te desanimes, ¿por qué no vas sólo tú? Estoy seguro que podrás tomar mejores decisiones y tendrás más herramientas para conversar entre ustedes.

14. No soy feliz en mi relación, pero me quedo por mis hijos, ¿hago bien?

Si lo que quieres enseñarle a tus hijos es que la felicidad personal no importa, que sacrificarse por alguien que no te ha pedido un sacrificio es lo adecuado y que en esta vida hay que aguantarlo todo por alguien más en el nombre del amor, sin duda estás haciendo lo adecuado.

15. Lo hemos intentado todo pero no mejoramos. No me quiero separar. Llevamos 20 años juntos; 7 de novios y 13 de casados. No quiero echar todo ese tiempo a la basura.

¿Entonces te parece más sensato echar a la basura todos los años que tienes por delante para salvar los que ya pasaron? Siempre es lamentable una situación así, pero como suelo decir: *"Se rumora que esta vida es una y que el objetivo primordial es ser feliz"*. Si de verdad lo han intentado todo, seguro hasta pediste ya milagros. Si la divinidad no ha podido, ¿qué esperas que suceda?

16. ¿Hasta dónde seguir intentándolo antes de separarnos?

Cuando saben que conversaron, recibieron ayuda profesional acreditada y no hay mejora significativa en su relación o los problemas entre Ustedes, creo es buen momento para conversar acerca de la separación como una posibilidad.

17. Nos separamos temporalmente y estamos bien, regresamos y volvemos con los problemas, ¿qué hacer?

Si esto es recurrente, y ya han buscado ayuda profesional sin resultados favorables, ¿cuál es su temor a quedarse separados ya de forma definitiva? No digo que deban romper la relación, sólo quedarse separados.

18. He escuchado de terapeutas que prometen que evitarán que te divorcies, ¿crees que nos funcione uno así?

Si lo que no quieren es divorciarse, seguro sí. Si lo que quieren es tener una buena relación, busquen a uno que al menos considere la separación como una posible solución. Nunca he sido partidario de ningún fanatismo ni de los "mesías" que prometen esos "milagros".

19. ¿Debo confesar una infidelidad?

Considera esto como señales para hacerlo:

◊ No lo haces para liberarte de la culpa o porque es inminente que te cachen, sino porque estás convencido/a que al hacerlo beneficiarás a la relación.

◊ Considera el daño que podrías hacer al no confesarlo contra el daño de hacerlo. Este daño para tu pareja y otras personas involucradas como tus hijos. No estoy hablando del daño para ti; por ahora tú te aguantas.

◊ Si tu pareja te lo preguntó directamente en el pasado, y tú lo negaste sabiendo que eras infiel, deberías considerar decirlo.

◊ Piensa en una persona que admires y respetes mucho. Piensa por un momento que, por la razón que sea, fue infiel. ¿Qué haría esa persona en tu misma situación? Considera este supuesto como guía.

Finalmente decide tú.

20. ¿Dónde está la pregunta 20?

Mmmmmm... pareces ser de las personas que se fijan más en lo que creen que les falta que en lo que tienen. Quizá sea la raíz de todos tus problemas de pareja.

Los claroscuros del amor de Mario Guerra
se terminó de imprimir en noviembre de 2019
en los talleres de Impresos Santiago, S.A. de C.V.
ubicados en Trigo No. 80-B, Col. Granjas Esmeralda,
Iztapalapa C.P. 09810, Ciudad de México.